Michael Tschakert

Zeichnen an der Tafel – so geht's

Eine Schritt-für-Schritt-Anleitung
für Lehrerinnen und Lehrer

Ideen für die Praxis

Gedruckt auf umweltbewusst gefertigtem, chlorfrei gebleichtem
und alterungsbeständigem Papier.

2. Auflage 2022

Layout/Satz: PrePress-Salumae.com, Kaisheim

ISBN 978-3-95660-**386**-0

www.brigg-verlag.de

INHALT

THEORETISCHE GRUNDLAGEN

DER ZEICHENKURS

Die Situation

Wenige Lehrer zeichnen an der Tafel. Stattdessen überfüllen zum Teil verwirrende Texte die Schultafeln, die hastig abgeschrieben werden und deren Inhalt, statt im Gedächtnis der Schüler/innen, mit dem Heft für immer im Mülleimer verschwindet.

Wozu eine Tafelzeichnung? Zur Bedeutung der Tafelzeichnung:

- **Lernpsychologie - ein Bild sagt mehr als tausend Worte**
  Die Gedächtnisforschung und die Lernpsychologie zeigen, dass Bilder und Kombinationen aus Bildern und Wörtern besser im Gedächtnis bleiben als reine Texte.
  Auch Mischlerntypen lernen stark visuell. Beim Zeichnen wird zudem nicht nur visuell, sondern auch gleichzeitig kognitiv und enaktiv gelernt.
- **Zeichnen ist Lernmethode**
  Eine Zeichnung hat neben einer dekorierenden immer auch eine präsentierende, interpretierende, organisierende sowie affektiv-emotionale Funktion und muss lernmethodisch genutzt werden. Wer eine Zeichnung selbst „erschaffen" will, muss sich intensiv mit dem Gegenstand oder Thema auseinandersetzen. Zeichnen heißt kapieren!
- **Respekt**
  Wenn Lehrer/innen an der Tafel zeichnen, staunen die Schüler/innen. Die Neugierde über das, was an der Tafel entsteht, ist groß. Langfristig wächst der Respekt vor der Lehrkraft. Schwächen (verpatzte Zeichnungen) sollten zugegeben werden, denn auch die Echtheit der Lehrkraft führt zu Respekt.
- **Vorbild**
  Die Zeichenfähigkeiten der meisten Erwachsenen sind erbärmlich und auf dem Niveau von Kleinkindern, weil sie das Zeichnen verlernt haben. Die Lehrkraft sollte Vorbild sein.
- **In der Zukunft**
  Auch oder gerade im Zeitalter der Informationstechnologie sind zeichnerische Fähigkeiten von großer Bedeutung. Dabei spielt es keine Rolle, ob an eine grüne Schultafel, auf einem Papierfetzen oder mit einem elektronischen Stift auf dem Whiteboard gezeichnet wird.
- **Zeitfaktor**
  Zeichnen, vor allem skizzieren, spart Zeit. Lästiges Kopieren von Bildern und das Heften an die Tafel bleiben erspart.
- **Disziplin**
  Das gespannte Zusehen beim Zeichnen und das anschließende Abzeichnen durch Schüler/innen sorgt für Disziplin im Klassenzimmer. Kopierte Blätter hingegen provozieren Unruhe, weil der Schüler zur Passivität verdammt ist.

„Der Maler zeichnet mit dem Auge, nicht mit der Hand. Was immer ihm in den Blick gerät - sieht er es klar und genau, kann er es auch darstellen. Das ist oft mühsam und erfordert viel Sorgfalt; doch ist keine größere Fingerfertigkeit notwenig als die, die man braucht, um seinen Namen zu schreiben. Worauf es ankommt, ist genau hinzusehen."

Maurice Grosser in „The painter´s Eye"

Aufruf zum Zeichnen

Jeder kann Zeichnen lernen! Auch unbegabte Lehrer/innen können mit ein wenig Übung völlig ausreichende und auch verblüffende Ergebnisse erzielen. Die nötigen feinmotorischen Fähigkeiten bringt jeder mit.
Das Einzige, was Sie benötigen, ist ein wenig Übung und Mut!

Voraussetzungen

Keine

Aufbau des Buches und Vorgehensweise

Nach einer theoretischen Einführung werden im Kurs systematisch Zeichnungen vorgestellt, die für Inhalte der Schulfächer relevant sind. Menschen, Tiere, Bäume, Häuser, Gegenstände... werden mit wenigen Strichen dargestellt; auch in Funktionszusammenhängen.

Dabei werden häufige Fehler angesprochen und wertvolle Tipps gegeben. Denn die Fehler beginnen häufig schon bei einfachen Zeichenelementen wie z.B. Sprechblasen.

„Zeichen zu lernen ist in Wirklichkeit ein Sache des Sehenlernens – des richtigen Sehens –, und das bedeutet eine ganze Menge mehr, als lediglich mit den Augen zu sehen."

Kimon Nicolaides in „The Natural Way to Draw"

Um das Zeichen zu lernen, können Sie verschieden vorgehen:

a) Sie üben das Zeichen ein paar Minuten täglich auf Papier, indem sie die Zeichnungen des Buches abzeichnen. Ob Sie einen Bleistift, Filzstift oder Kugelschreiber verwenden, spielt keine Rolle, denn es geht um Ihre Vorstellung von den Dingen. Zeichnen kann man mit allem, was Spuren hinterlässt.

oder

b) Sie bereiten Ihren Unterricht vor und suchen im Buch gezielt nach Zeichnungen und üben speziell diese zuhause.

Mit der Zeit werden Sie immer mehr Spaß am Zeichen finden, weil sich Erfolge einstellen.
Dann ist nichts mehr vor Ihnen sicher!

Funktionen von Zeichnungen

- **Präsentierende Funktion**
  Dem Schüler/der Schülerin werden hier die an der Fotosynthese beteiligten Stoffe präsentiert.
- **Dekorierende/affektiv-motivationale Funktion**
  Durch die Zeichnung wird das Dargestellte dekorativer und auch attraktiver für den Schüler/die Schülerin.
- **Transformierende Funktion**
  Die Schlüsselinformationen der Darstellung werden durch die Kombination aus Begriff und Bild besser aufgenommen und gelernt.
- **Organisierende Funktion**
  Damit die Informationen in zusammenhängenden Strukturen organisiert werden, sollte die Zeichnung einfach, klar und strukturiert sein.
- **Interpretierende Funktion**
  Die Zeichnung hilft dem Schüler/der Schülerin, den komplizierten Vorgang der Fotosynthese und ihre Bedeutung für den Menschen zu verstehen.

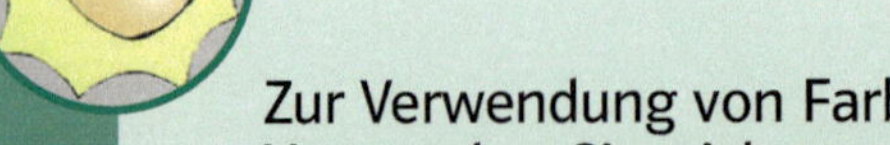

Zur Verwendung von Farbe:
Verwenden Sie nicht zu viele Farben. Ein inflationärer Gebrauch kann verwirren und mehr schaden als nutzen. Setzten Sie Farbe gezielt und überlegt ein. Möglichkeiten sind:

- Denotativ: Ich zeichne das Blatt grün, weil es eben grün ist.
- Symbolisch: Ich verwende grün als Zeichen für Hoffnung
- Organisierend/systematisierend: Gleichfarbiges gehört zusammen.
- Dekorativ: Die Zeichnung soll ein „Eyecatcher" sein.

Ein wenig konstruktivistische Lerntheorie

Beispiel für eine Tafelzeichnung im Fach Wirtschaft bzw. Geschichte

Lernen und vor allem Behalten funktionieren im gezeigten Beispiel gut über verschiedene Ebenen.

Enaktive Ebene:

Die Schüler zeichnen den 5-Säulentempel. Das Handeln unterstützt das Lernen.

Ikonische Ebene:

Durch die bildliche Vorstellung „brennt" sich das zu Lernende in das ikonische Gedächtnis.

Symbolische Ebene:

Die festen Säulen stehen symbolisch für Grundpfeiler des Sozialstaates, die Pickelhaube und der Schnauzbart identifizieren die Figur als Otto von Bismarck, der die Sozialversicherungen in Deutschland eingeführt hat. Auch die Schrift ist symbolisches Zeichen. Die „Eselsbrücke" mit den Anfangsbuchstaben der Versicherungen in der Sprechblase garantiert, dass der Unterrichtsstoff im Gedächtnis bleibt.

Der Schüler konstruiert durch Handeln (Zeichnen), Anschauung (Zeichnung) und Sprache (Begriffe) einen Beziehungszusammenhang. Informationsverarbeitung und -speicherung sind gesichert.

Erkenntnisgewinnung – ein wenig Kognitionswissenschaft

Tafelzeichnung im Fach Deutsch: Der Löwe und die Maus (Äsop-Fabel)

Zeichnungen können als Hilfen zur Erkenntnisgewinnung eingesetzt werden.
Eine indirekte Information (die Zeichnung) führt zu einer mittelbaren (diskursiven) Erkenntnis.

Im gezeigten Beispiel soll der Schüler/die Schülerin die Lehre der Äsop-Fabel erkennen, was durch die unterschiedliche Größendarstellung (zunächst ist der Löwe groß und die Maus klein, nach dem Wendepunkt der Fabel ist es umgekehrt) gelingt.

Der zeichnerische Impuls vermittelt: „Kleine Maus ganz groß" oder: Der scheinbar Schwächere beweist Größe und ist hilfreich.

Die überkreuzten Pfeile verweisen auf den Wendepunkt als Kennzeichen einer Fabel.

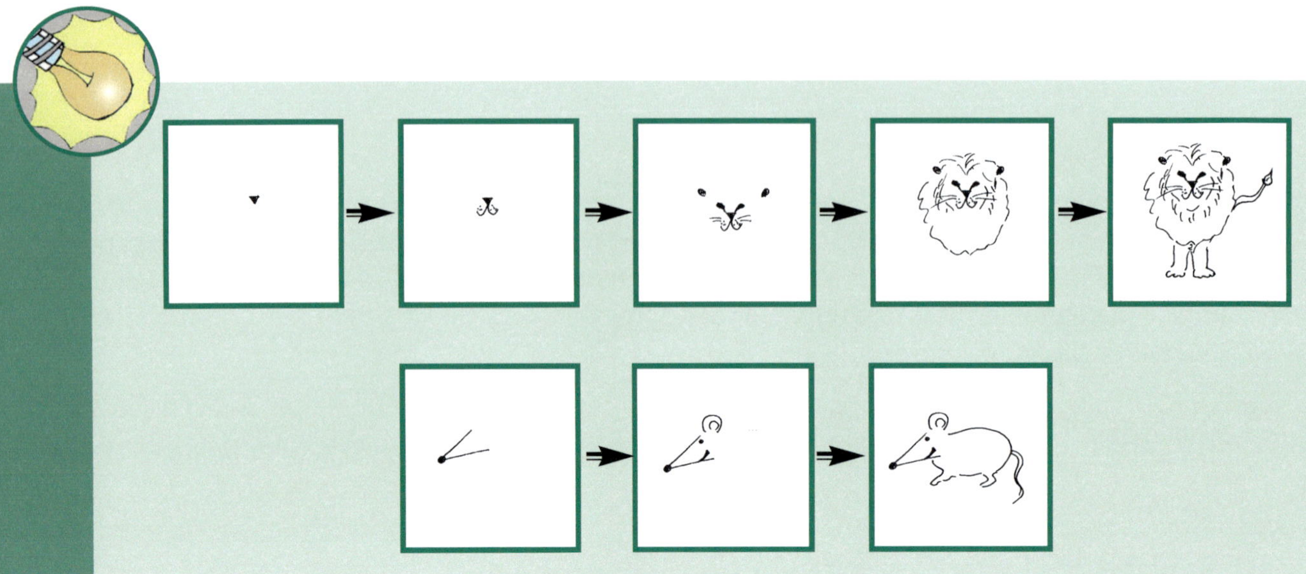

Effekte durch Bilder

Der Aktivierungseffekt

Der Aktivierungseffekt ruft beim Schüler/bei der Schülerin ein bereits bekanntes Modell ab. Wie bei einem Piktogramm genügen drei Striche, die uns sagen: Das ist die Pyramide von Gizeh. Sie steht in... Neues Wissen (z.B. Höhe: ca. 150 m) kann so leicht hinzugefügt werden.

Der Akzentuierungseffekt

Das Bildelement „Neu! Burj-Tower, Dubai" ist ein Hinweisreiz, der es dem Schüler/der Schülerin erleichtert, das Neue zu erlernen.

Der Korrektureffekt

Im direkten Größenvergleich wird deutlich, dass der Eiffelturm dreimal so hoch ist wie die Freiheitsstatue. Sollte der Schüler/die Schülerin eine falsche Modellvorstellung im Kopf haben, wird sie nun korrigiert.

Der Konstruktionseffekt

Die Bilderfolge kann zur Konstruktion eines mentalen Modells (hier: für die Vorstellung von Gebäudehöhen) dienen. Ohne Zeichnung bleiben nur leicht verwechselbare Zahlen.

Zeichentechnik

Wenn man an einer Schultafel zeichnet, ist man in der Technikwahl eingeschränkt.

Die Konturlinie:

Die Konturlinie zeigt den Umriss des Darzustellenden. Auf Körperhaftigkeit und Flächen wird verzichtet. Schon leichte Verzeichnungen fallen hier auf. Sie erfordert eine gewisse Sicherheit beim Zeichnen und die Fähigkeit, stets den ganzen Grund (die Tafel) im Auge zu haben.

Die Kritzellinie:

Sie zeichnen mit einem stofflich-differenzierten Kritzelstrich, „suchen" nach der Form des Darzustellenden und nähern sich dieser an. Kleine Fehler verzeiht die Zeichnung. Fehlende Bildteile gleicht unser Gehirn nach dem Wahrnehmungsgesetz der Erfahrung aus.

Die Schraffur:

Flächen und Körperhaftigkeit können durch Schraffuren dargestellt werden. Wenn Sie ein kleines Stück Kreide quer halten und so mit einem breiten Strich zeichnen, erzielen sie einen ähnlichen Effekt.

Allgemeine Grundprinzipien

- Weniger ist mehr. Wenige Striche genügen für eine gute Zeichnung.
- Arbeiten Sie mit geometrischen Formen, wenn möglich.
- Vermeiden Sie schwierig darzustellende Dinge wie räumliche Darstellungen mit Verkürzungen.
- Betonen und übertreiben Sie markante Details durch übertriebene Größe oder Form.

Grundprinzipien am Beispiel „Figur"

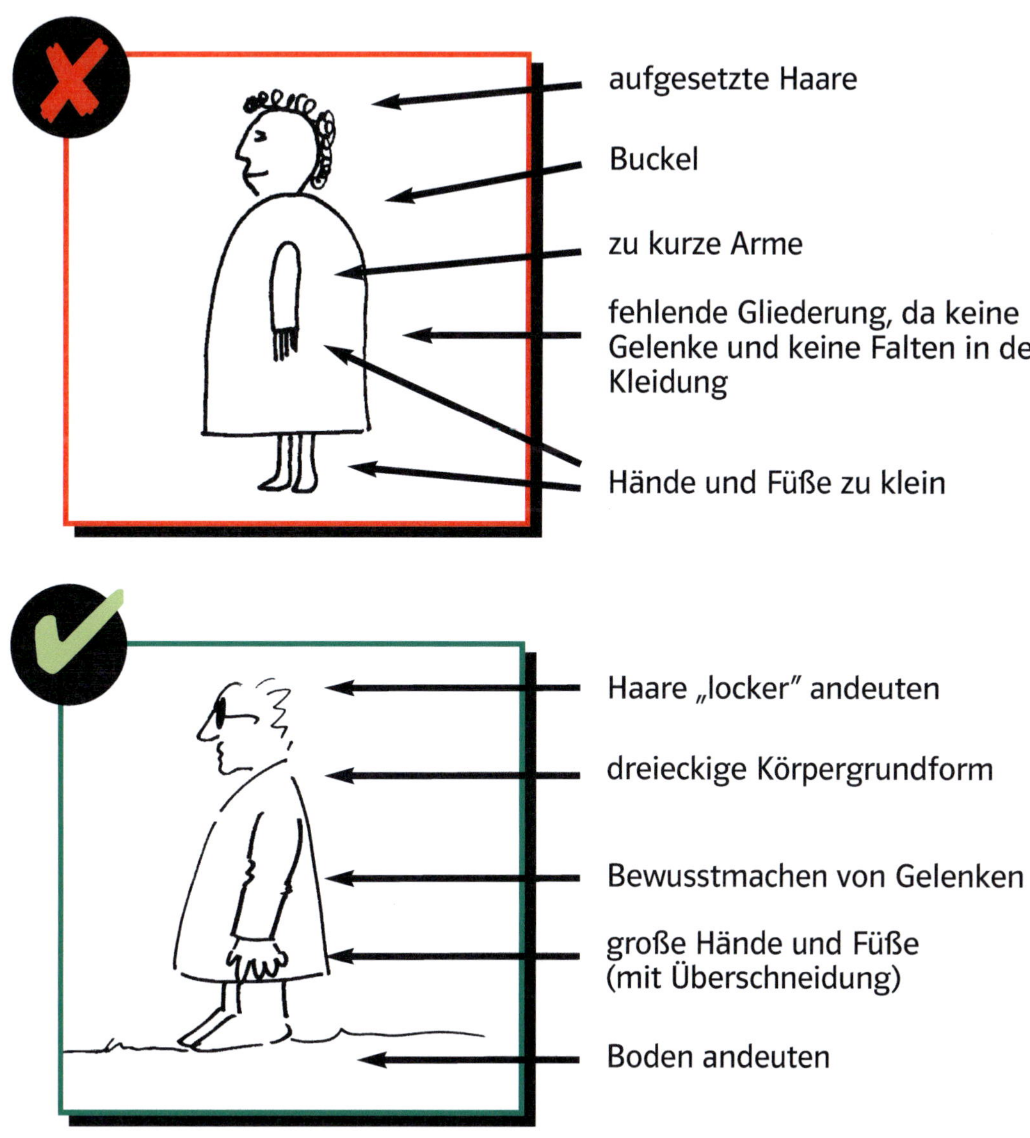

Die Profildarstellung von links ist für Rechtshänder einfacher, da sie der natürlichen Strichlage entspricht.

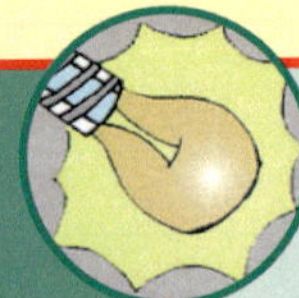

STRICHMÄNNCHEN

Wenn es schnell gehen muss, genügen zur Veranschaulichung Strichmännchen. Mit der Reduzierung auf ein Oval oder einen Kreis als Kopf und einem zackigen Körper gelingt das geschickt. Bei bewegten Figuren muss der Körper durch Gelenke gegliedert werden.

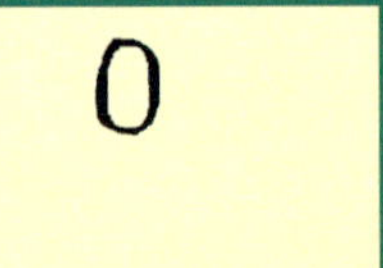

Unser Gesichtsausdruck ist das Ergebnis des Zusammenspiels von 8 mimischen Muskeln. Schon kleine Änderungen in der Zeichnung (bei den Augenbrauen und dem Mund) reichen aus, um neue menschliche Gefühlsäußerungen darzustellen.

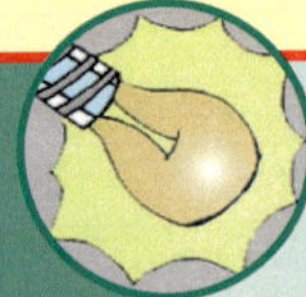

PORTRÄT

Üben Sie den ungefähren Verlauf der Profillinie eines Kopfes und prägen Sie sich das Proportionsschema eines Kopfes ein. Der häufigste Fehler: Eine optische Täuschung lenkt uns von der Tatsache ab, dass sich die Augen in der Mitte des Kopfes befinden.

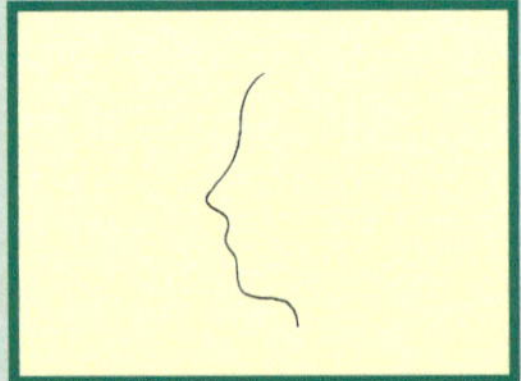

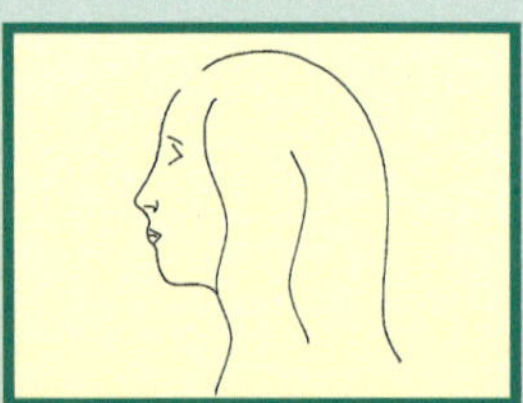

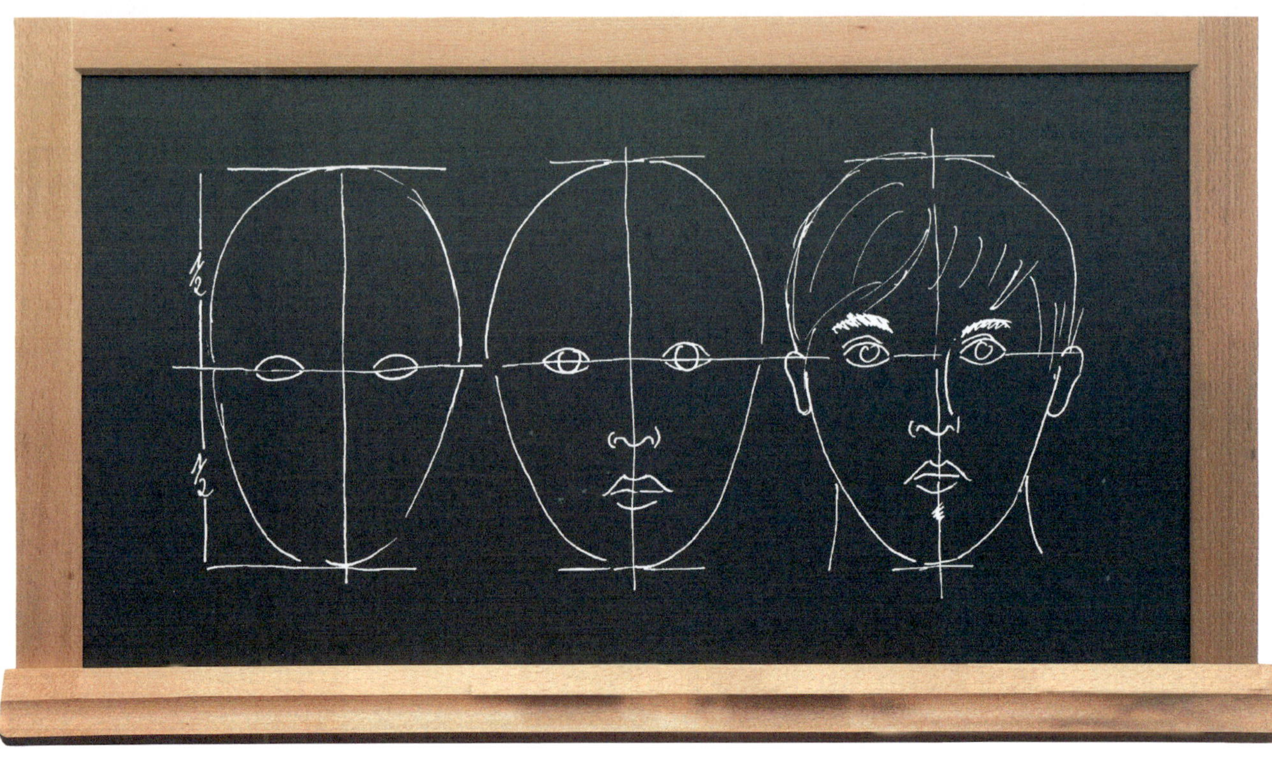

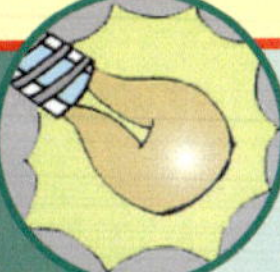

Lassen Sie ihre Figuren sprechen oder nachdenken. Dazu steht eine Fülle von Blasen zur Verfügung, die raffinierte Gestaltungsmittel sind. So kann z.B. die an eine Sprechblase angehängte Gedankenblase eine Aussage relativieren.

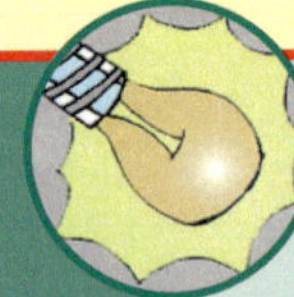

DETAILS

Das Zeichnen von Details schärft nicht nur die differenzierte Wahrnehmung ganz allgemein, sondern die ästhetische im Besonderen.

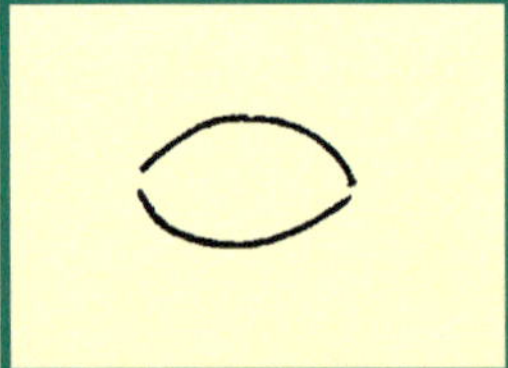

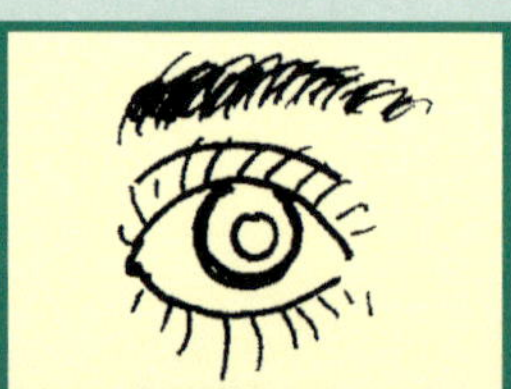

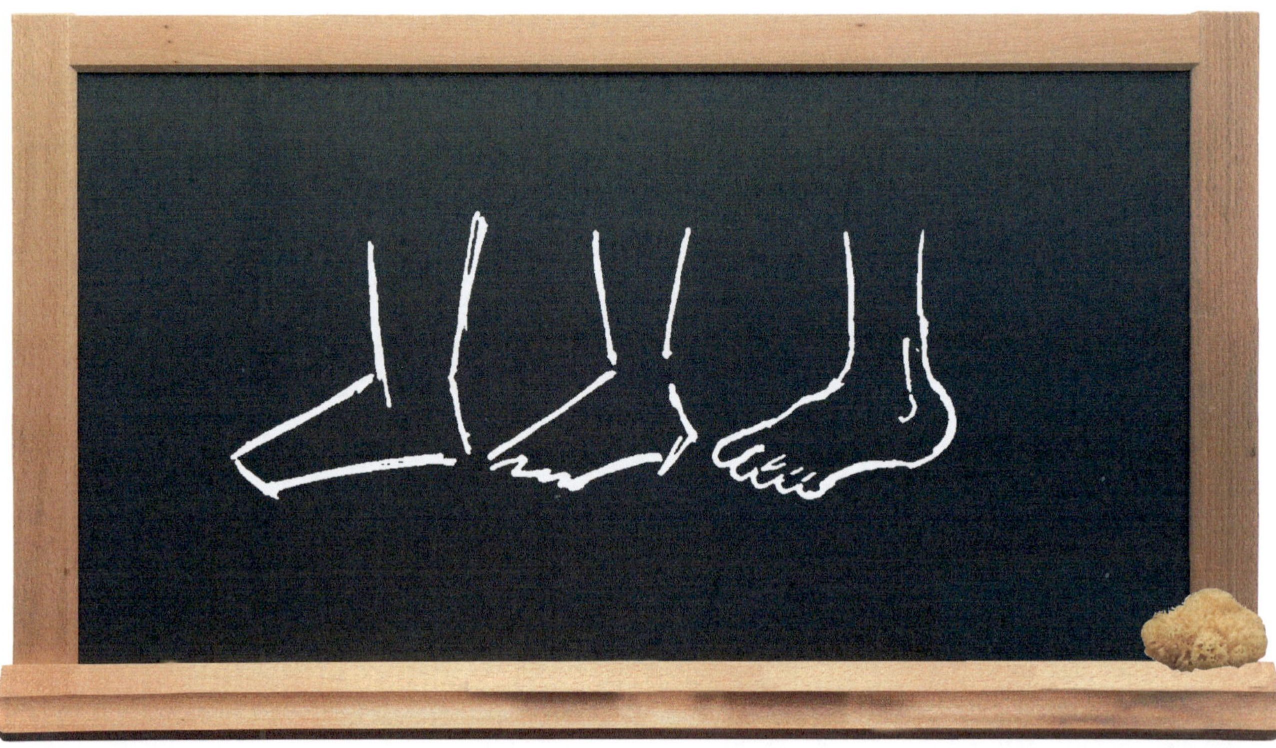

STEREOTYPE KÖPFE

Die Verwendung von Stereotypen ist zwar oberflächlich, hat aber den Vorteil, dass jeder sofort erkennt, um wen es geht.

MÄNNLICHE FIGUR

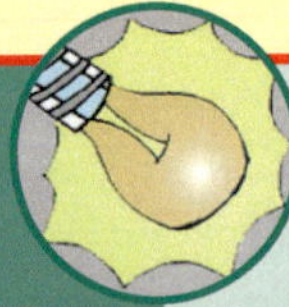

Verwenden Sie das Prinzip des Versteckens. Schwierig zu zeichnende Dinge wie z.B. Hände können geschickt versteckt werden. Taschen, Mäntel und Möbel sind dazu ideal.

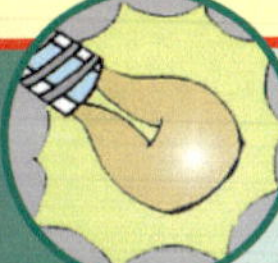

Betonen Sie geschlechtsspezifische Merkmale, indem Sie auf klischeehafte Charakteristika zurückgreifen. Perlenkette, lange Haare und Rundungen stehen für „Frau".

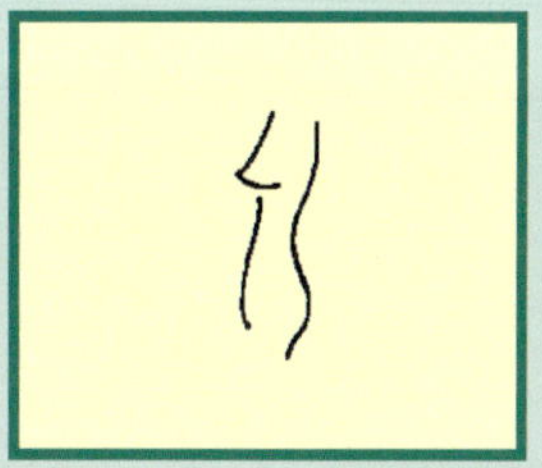

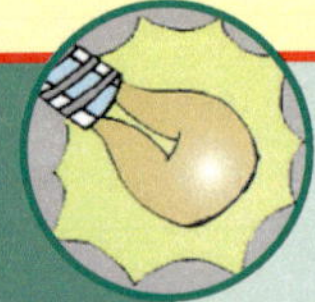

JUGEND

Kinder und Jugendliche charakterisiert man am besten mit flippigen Haaren, lässiger Kleidung oder Accessoires wie MP3-Player. Eine extreme Körperform (lang und schlaksig oder kurz und breit) verweisen ebenso auf einen Pubertierenden.

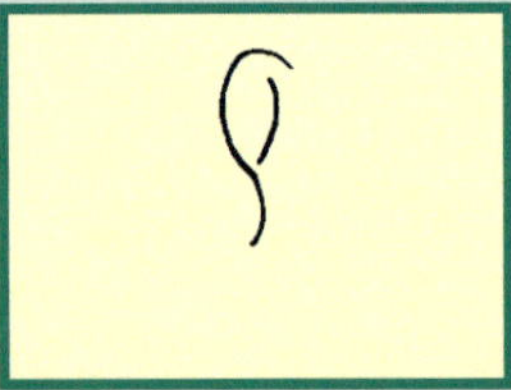
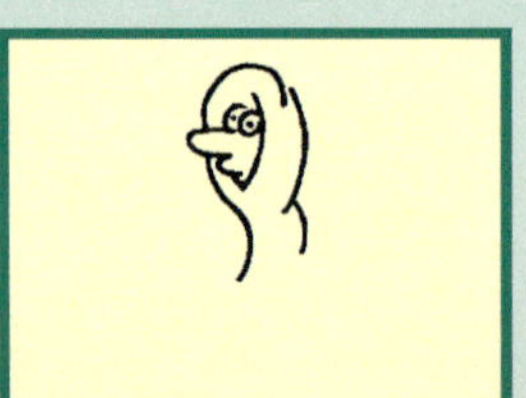

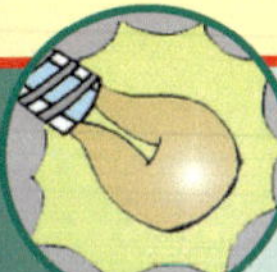

Geht es um die Anatomie des Menschen, sollten Sie sich Grundkenntnisse über Proportionen, Gelenke und Muskeln aneignen.

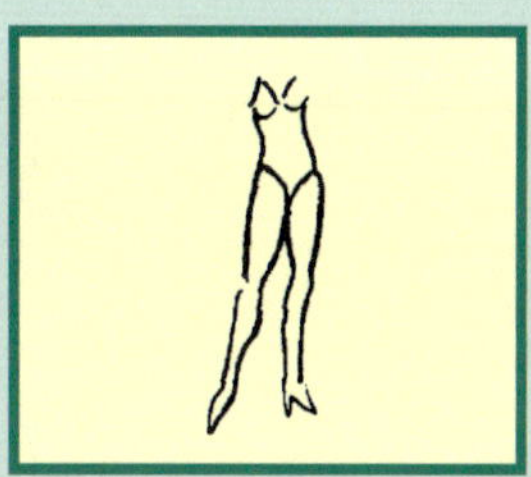

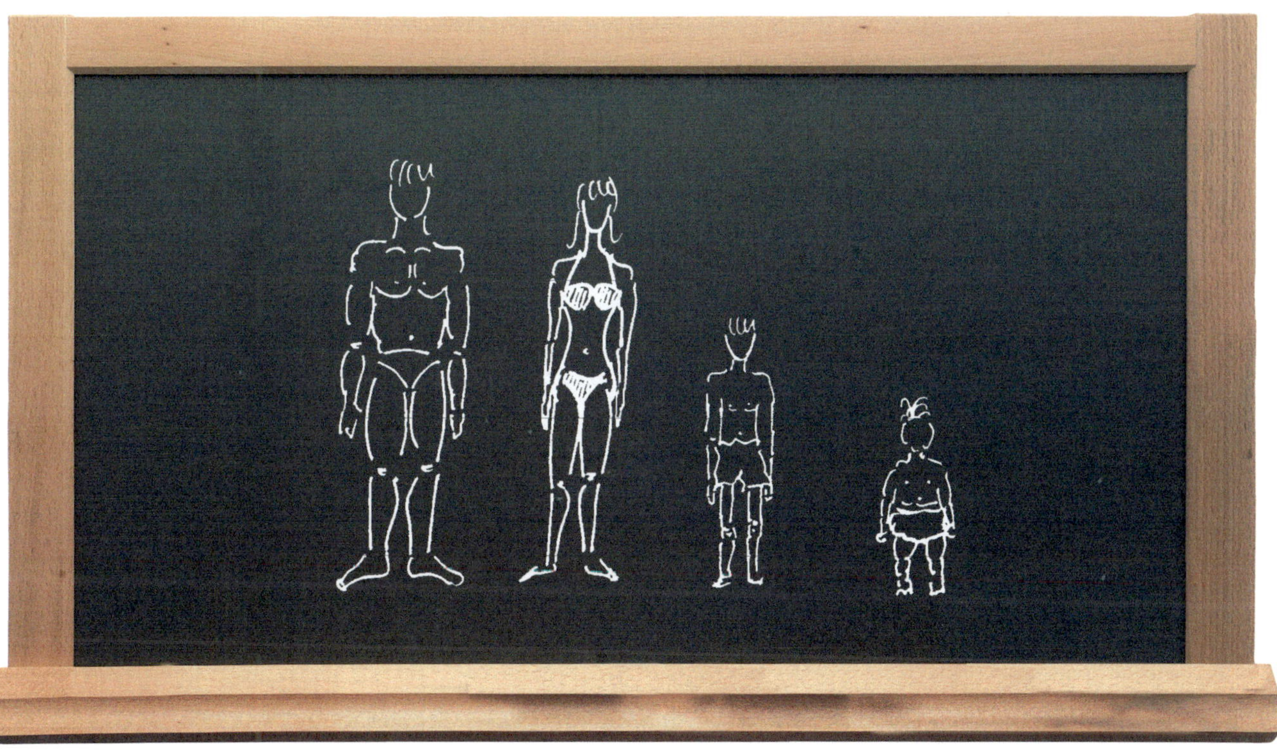

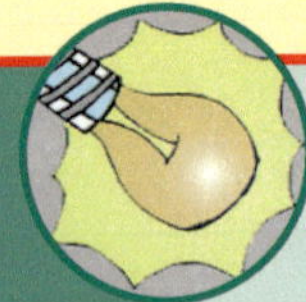

GRUNDKÖRPER VON SÄUGETIEREN

Säugetiere haben eine ähnliche Körpergrundform, die leicht variiert werden kann. Typische Merkmale dienen als Merkmal für Unterscheidung und können betont werden.

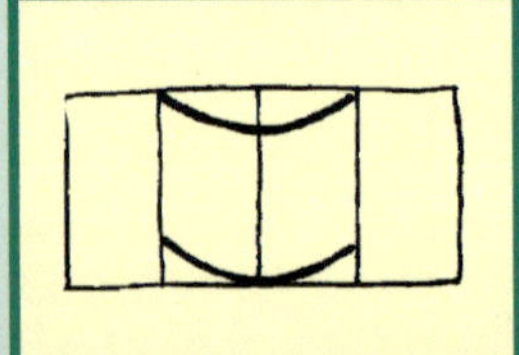

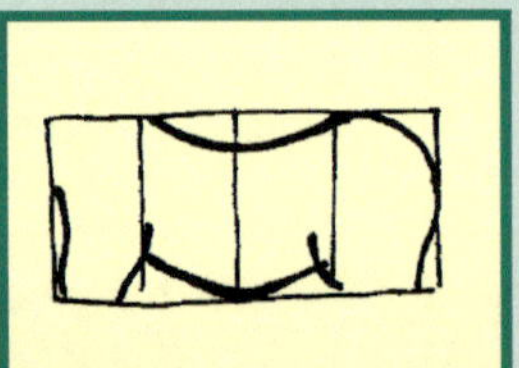

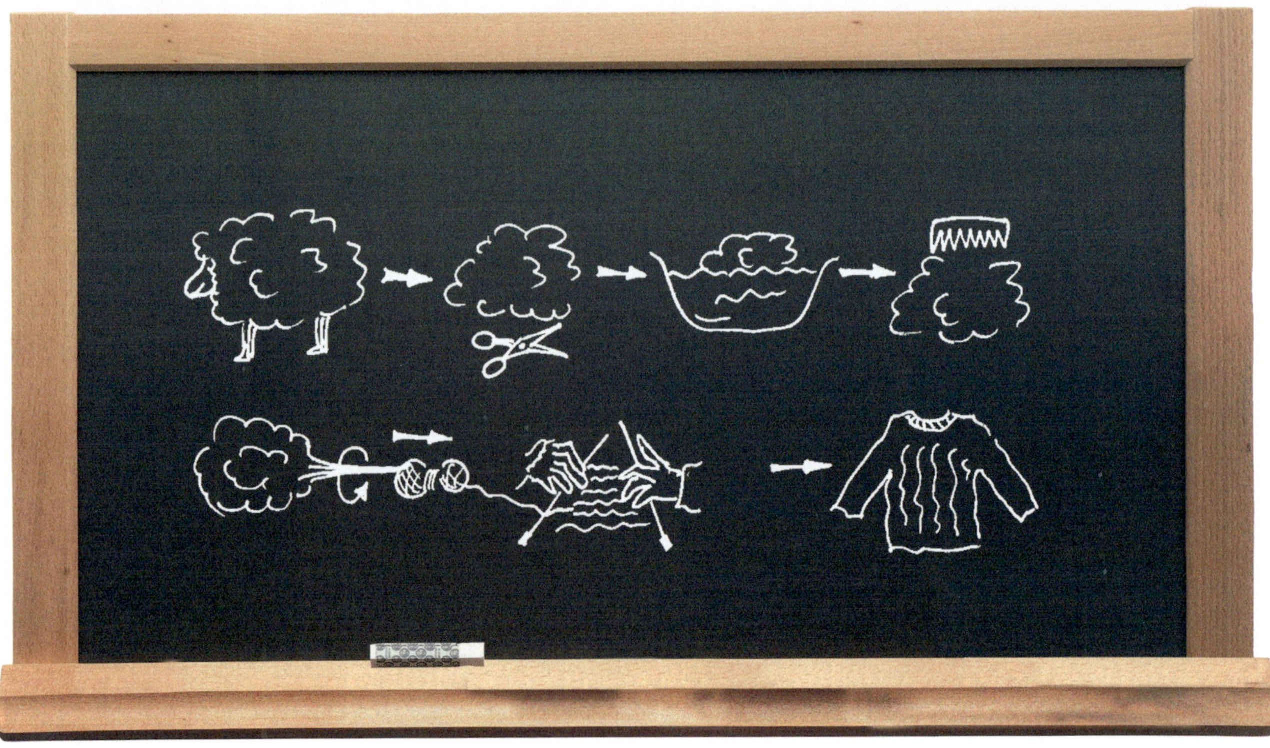

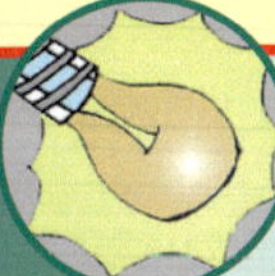

Katzen und Hunde sind uns als beliebte Haustiere so sehr vertraut, dass schon wenige Striche genügen, um sie als solche zu erkennen. Doch die extreme Reduzierung muss geübt werden.

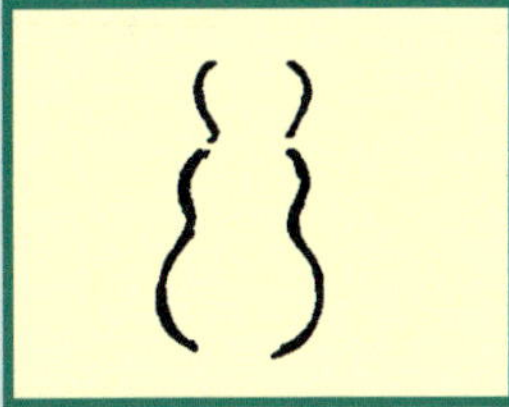

VÖGEL

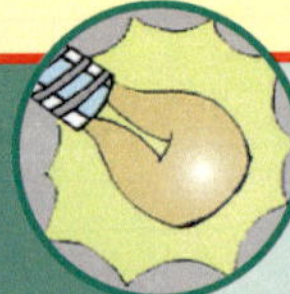

Üben Sie ein vereinfachtes Grundschema für Vögel. Anschließend können Sie mit Charakteristika differenzieren.
Bei Vogelsilhouetten ist die Symmetrie entscheidend. Hier helfen Hilfslinien.

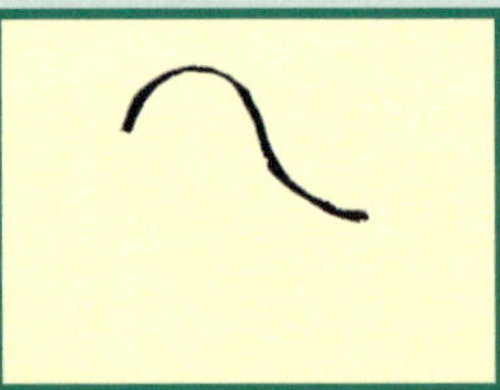

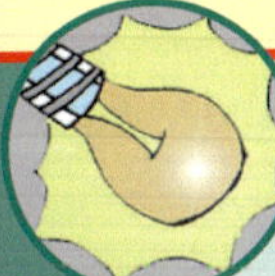

Das Leben im Wasser bietet eine unglaubliche Formenvielfalt. Daher ist Wasser das ideale „Trainingsfeld" für Zeichenanfänger.

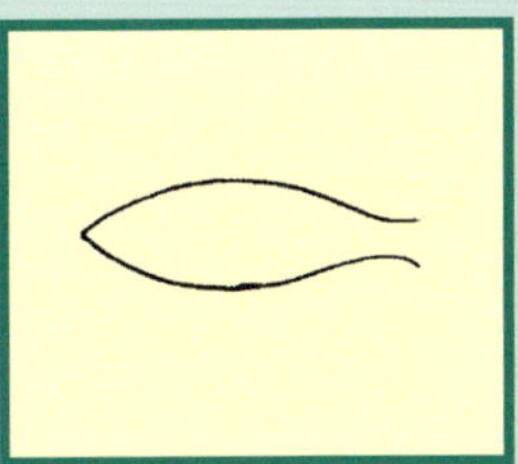

REPTILIEN

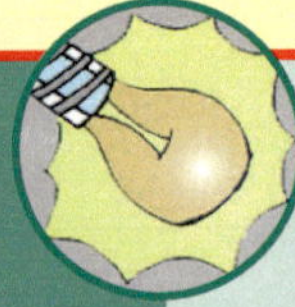

Reptilien sind relativ lang. Die elegante Krümmung erreicht man, wenn mit der Wirbelsäule begonnen wird. Beim Skelettzeichnen lernt man viel über Aufbau und Funktion von Körpern.

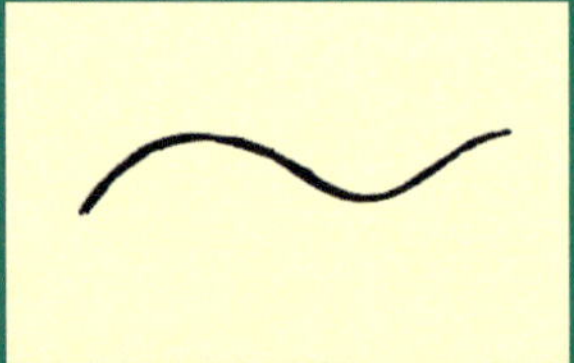

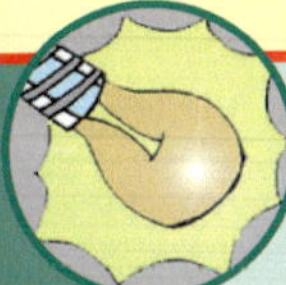

Erweitern Sie Ihre Zeichnungen mit atmosphärischem Beiwerk. So entstehen Bedeutungszusammenhänge und Gesprächsanlässe. Meist genügen Ausschnitte um interessante Szenen darzustellen.

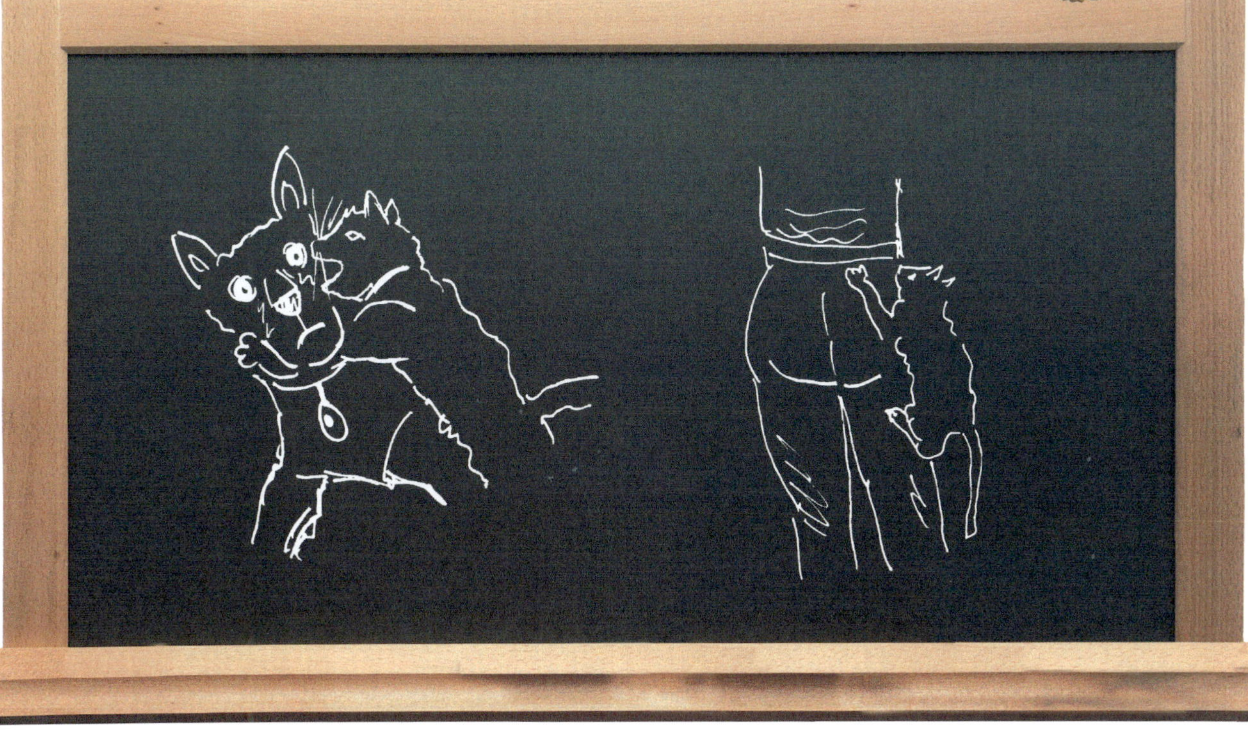

BLUMEN

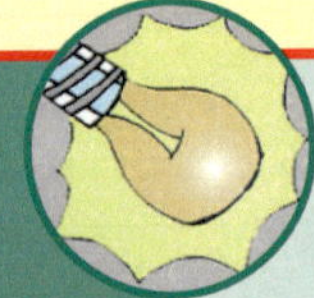

Florales kann man mit wenigen Strichen andeuten. Wenn es um biologische Details geht, müssen Sie genau hinsehen. Hier bietet sich das Zeichnen von Ausschnitten an. Die Anzahl der Blütenblätter etc. kann entscheidend sein.

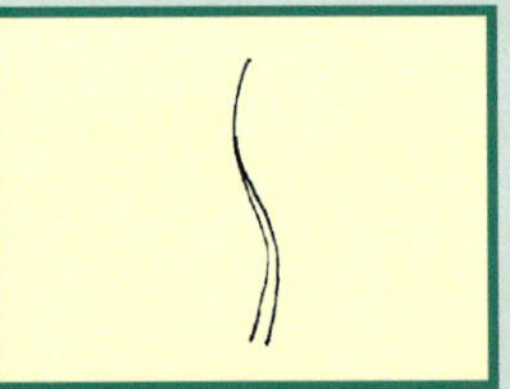
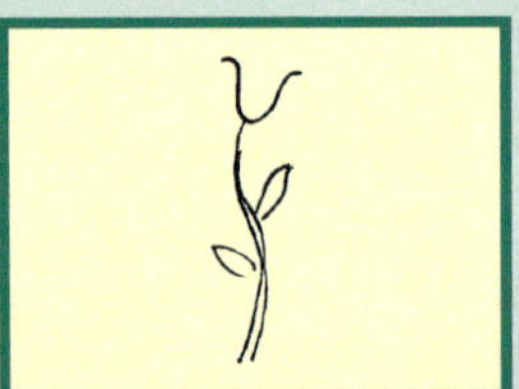

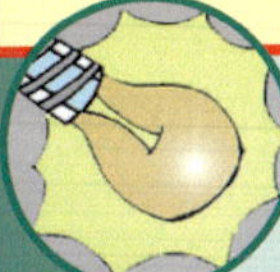

Üben Sie verschiedene Baumformen: Kugelige, knorrige, zypressenartige... Bäume mit Blattwerk können schneller gezeichnet werden. Daher bevorzugen Architekten bei ihren Plänen meist diese Art der Darstellung.

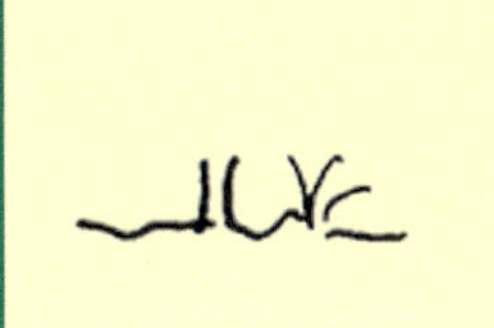

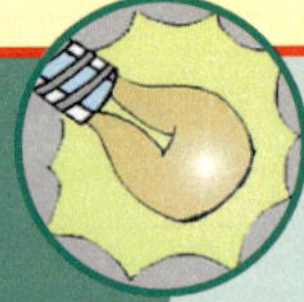

BÄUME IN DER LANDSCHAFT

Eine Baumzeichnung kann man mit wenig Aufwand in eine Landschaft mit großer Tiefenwirkung verwandeln.

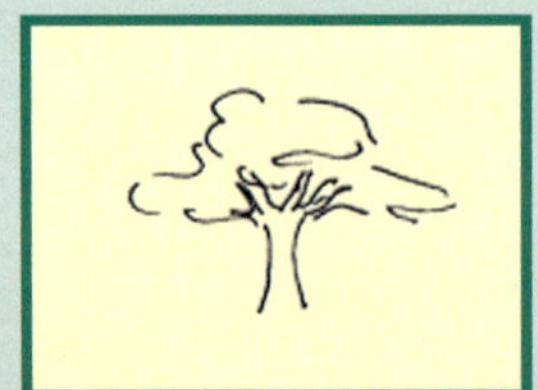

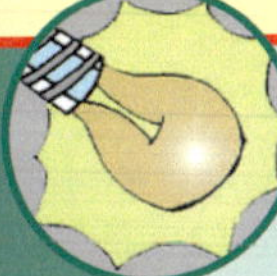

Biologische und ökologische Zusammenhänge lassen sich durch Zeichnungen gut darstellen, da die komplexe Realität abstrahiert und geordnet gezeigt werden kann.

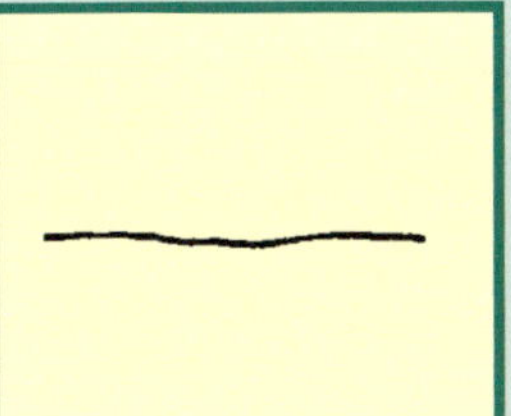

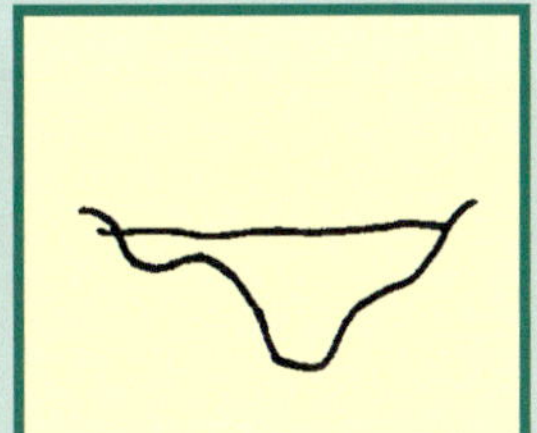

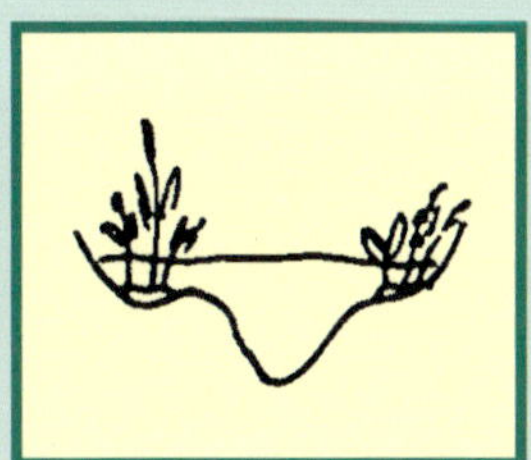

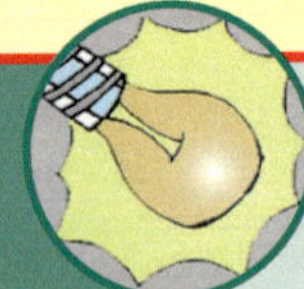

OBST

Das Zeichnen und Malen von Obst hat eine lange Tradition, die von der antiken römischen Kunst bis heute reicht. In barocken Stillleben haben Früchte auch symbolische Bedeutung. So stehen der Apfel und der Pfirsich beispielsweise für den Sündenfall.

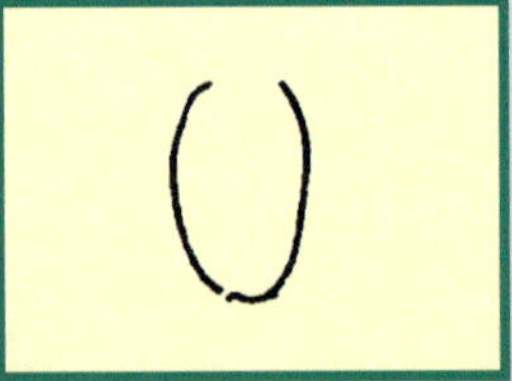

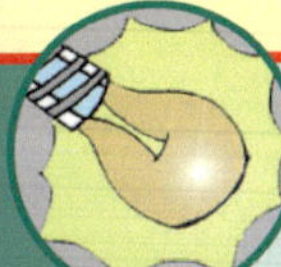

Auch Gemüse ist ein beliebtes Sujet bei Künstlern. Interessant sind vor allem Schnittdarstellungen, die Einblick in das Innere gewähren. Das Innenleben eines Rotkohls z.B. reizt durch ein komplexes Labyrinth zur grafischen Darstellung.

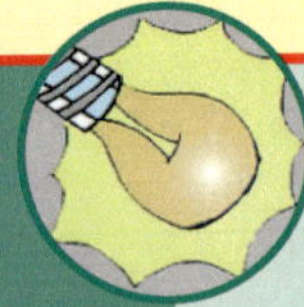

RAUM

Mithilfe eines Fluchtpunktes kann man schnell Räume konstruieren. Der Fluchtpunkt muss nicht zentral angeordnet werden. Je nach Lage ändert sich die Perspektive.

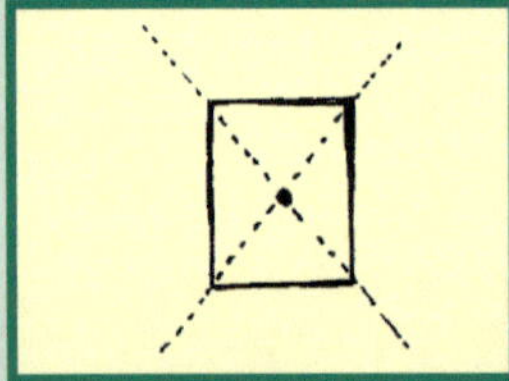

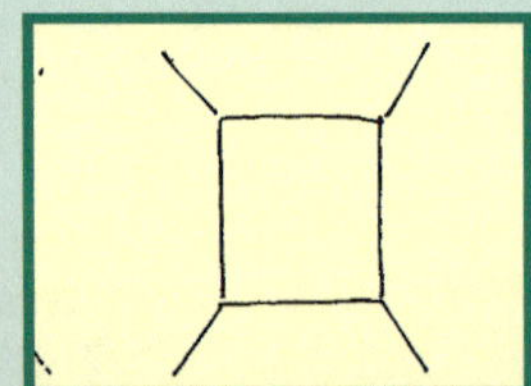

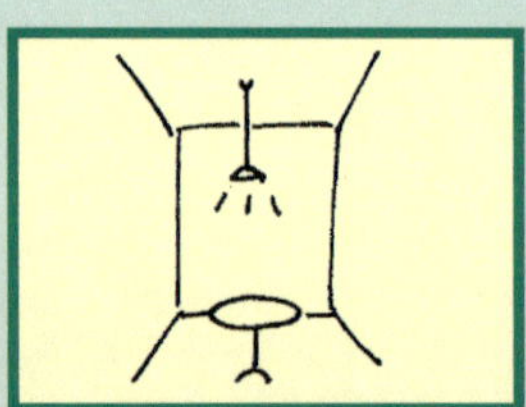

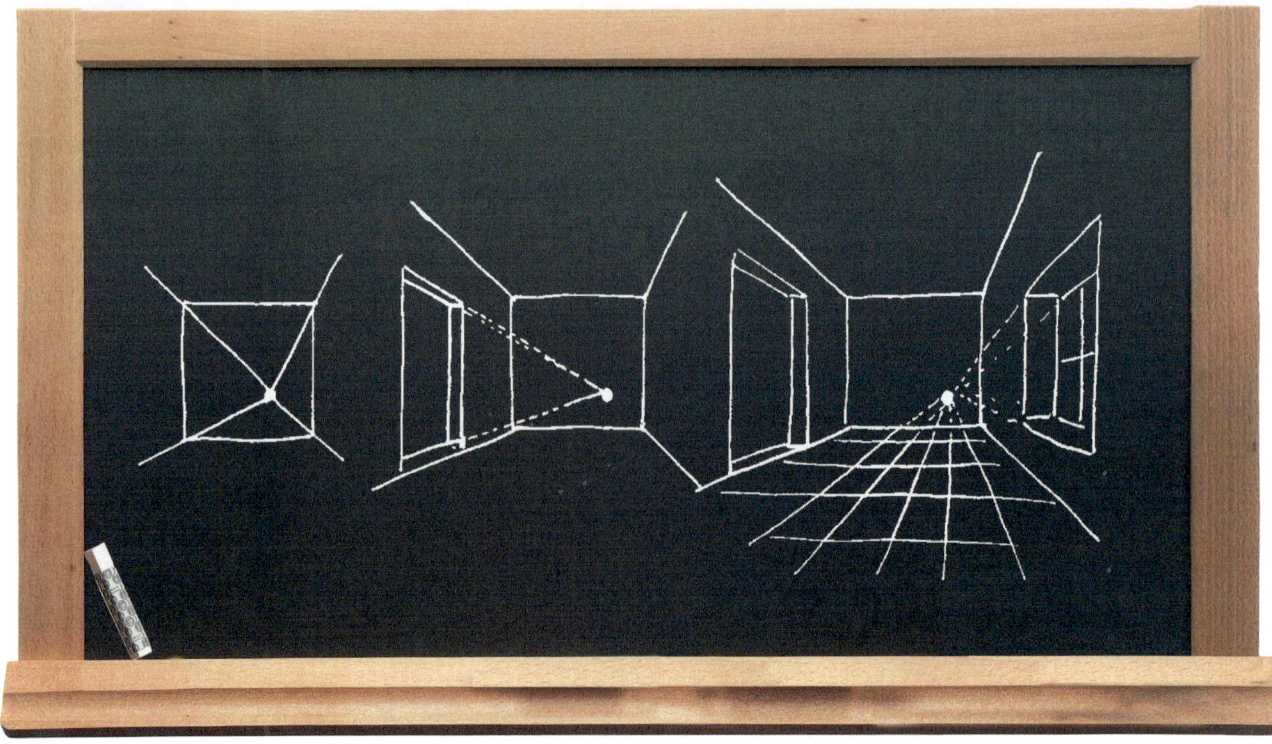

Zaubern Sie mit wenigen Strichen eine Bühne an die Tafel und inszenieren Sie Szenen durch Zeichnungen. Die Schüler/innen können das „Bühnenbild" auch für szenische Darstellungen verwenden. Mit wenigen Hilfsmitteln lässt sich ebenso eine improvisierte Puppenbühne gestalten.

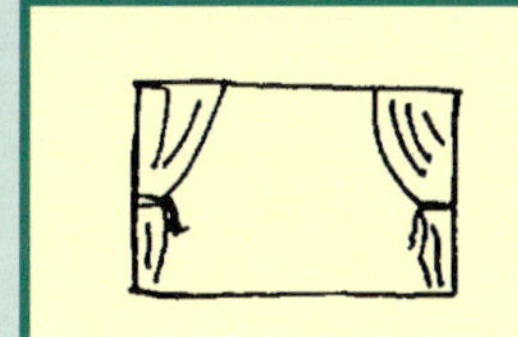

LANDSCHAFT 1

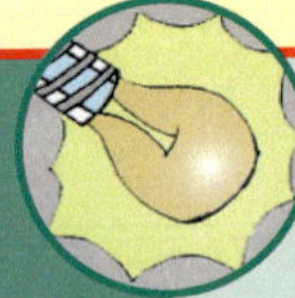

Für die glaubwürdige Darstellung einer Landschaft genügen schon eine Horizontlinie und eine Vordergrundlinie, da unsere Wahrnehmung horizontale Linien schnell als Landschaft interpretiert.

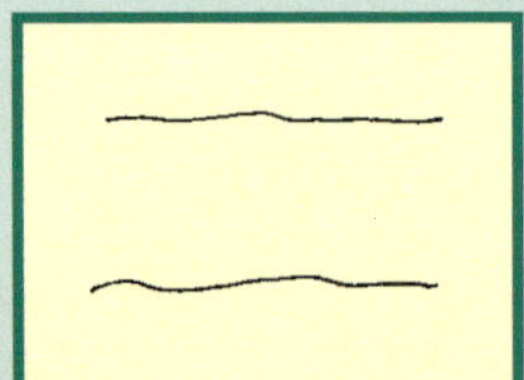

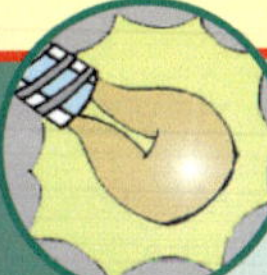

Durch in die Tiefe führende Linien wird die Illusion eines weiten Raumes verstärkt. Flüsse, Wege, Straßen oder Geländer führen unser Auge zum Horizont.

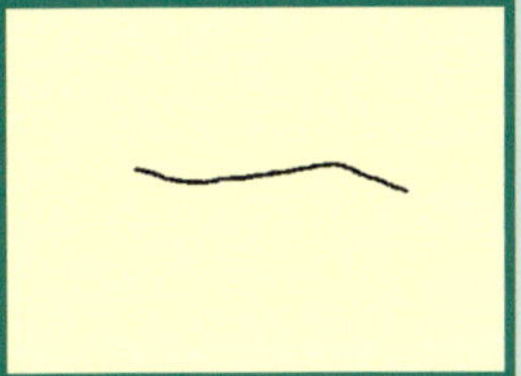

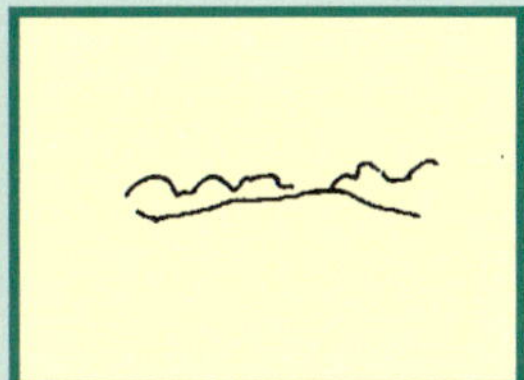

LANDSCHAFT 3

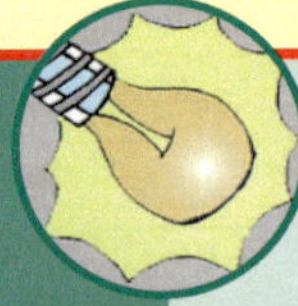

Seitliche Kulissen und Bodenkulissen (Bäume, Büsche, Felsen, Gebäude, Maschinen...) beschreiben die Landschaft näher.

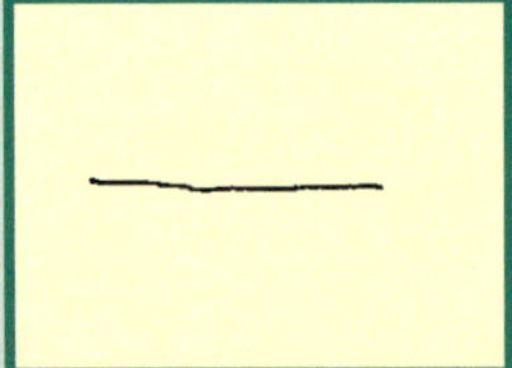

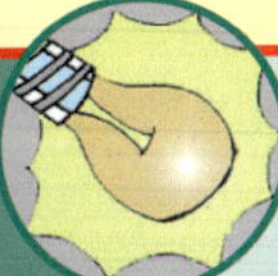

Das Zeichnen touristischer Attraktionen löst beim Betrachter einen Aktivierungseffekt aus. Vorwissen wird aktiviert und Assoziationen werden geweckt. Neue Informationen werden an bereits vorhandenes Wissen gekoppelt.

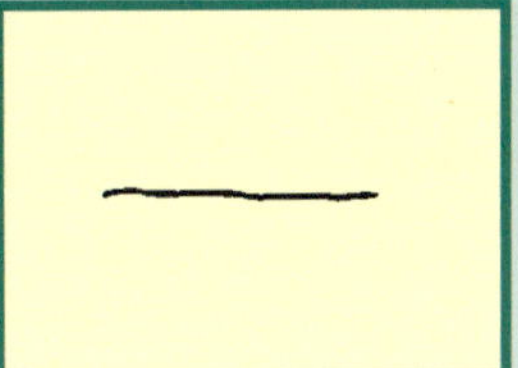

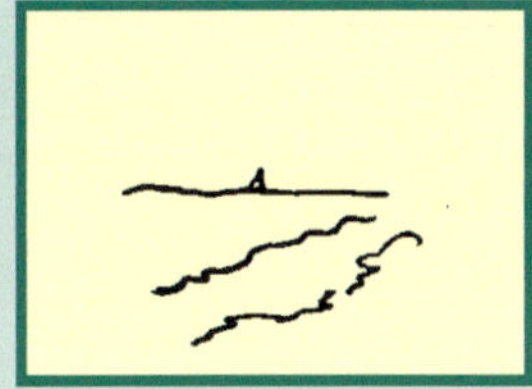

LANDKARTEN

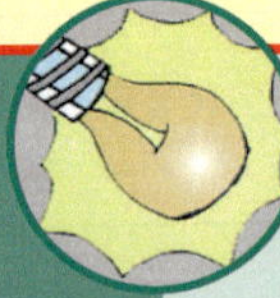

„Mental Maps" kann man sich besser einprägen, wenn man sie gezeichnet hat. Vergleiche zwischen geografischem Umriss und dem von bekannten Dingen verfestigen die „Mental Map".

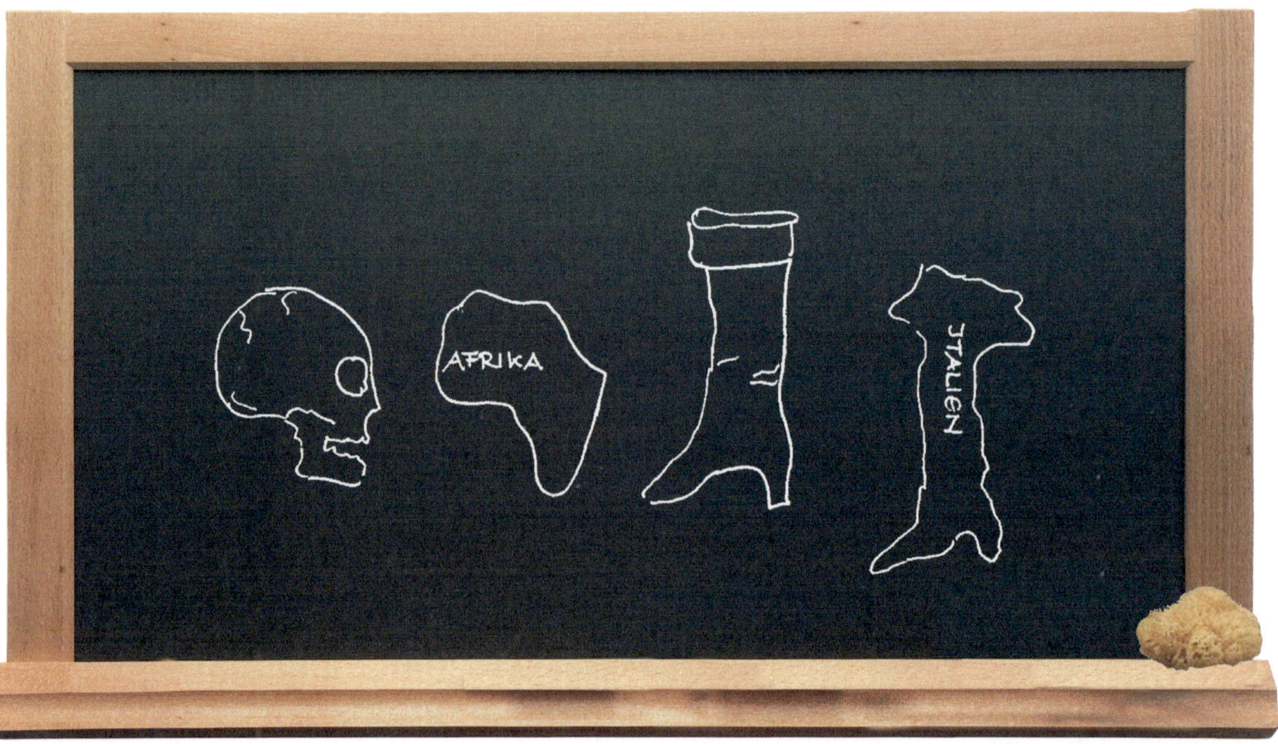

Es gibt viele Möglichkeiten aus einem Kreis eine Kugel zu machen. Schraffuren mit Formstrich, Schlagschatten oder ein umspannendes Gitternetz sind geeignete Darstellungsmittel.

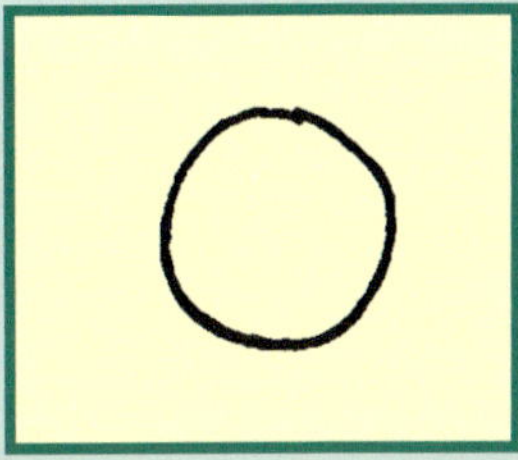

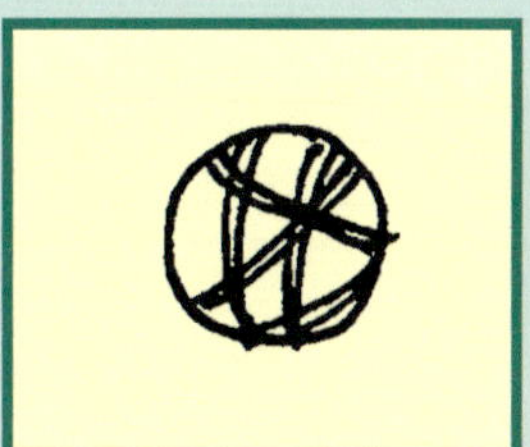

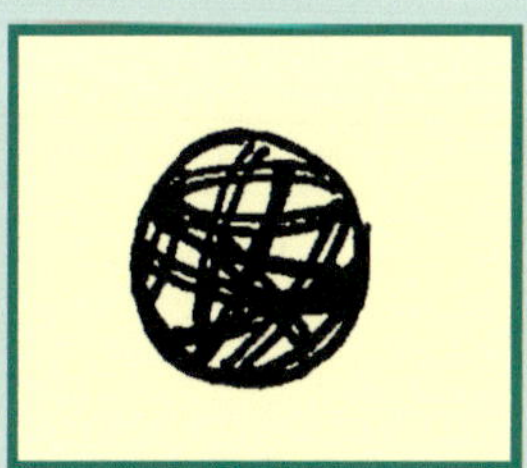

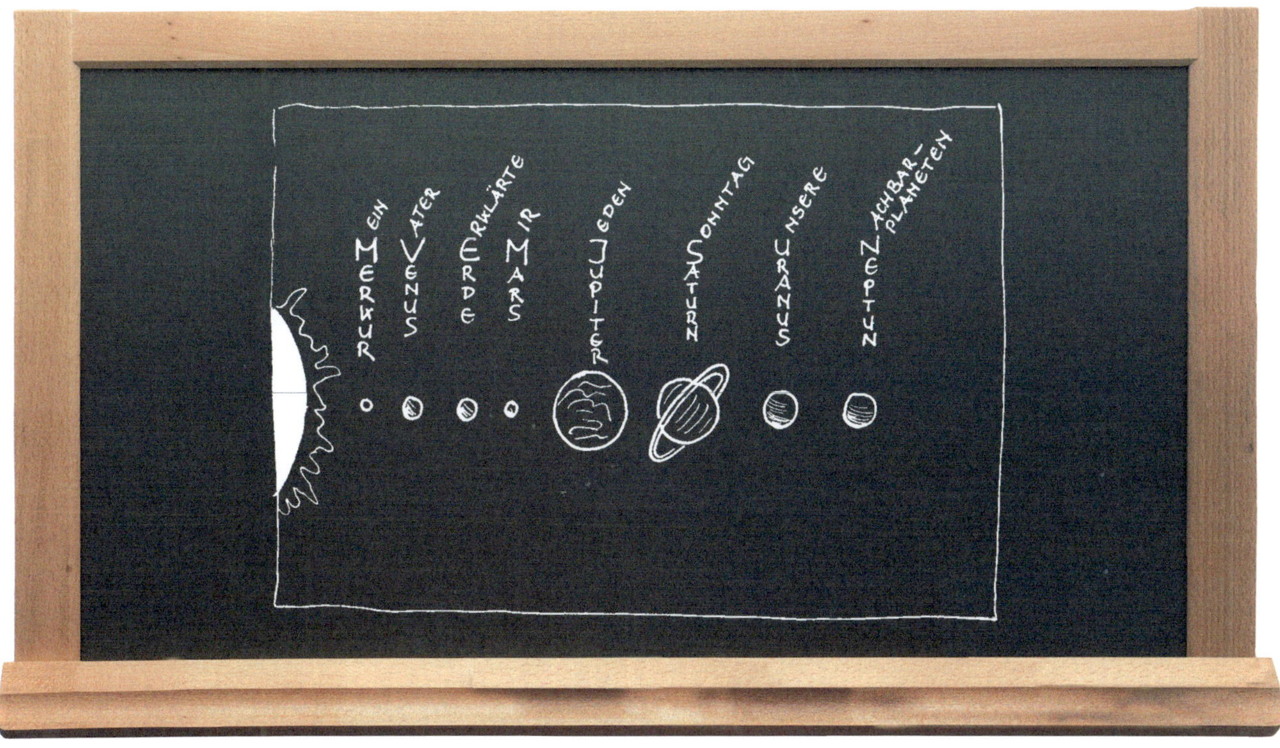

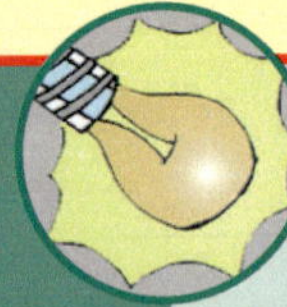

WETTER

Zeichnerische Symbole für das Wetter sind uns gut vertraut, weil sie uns ständig begegnen.

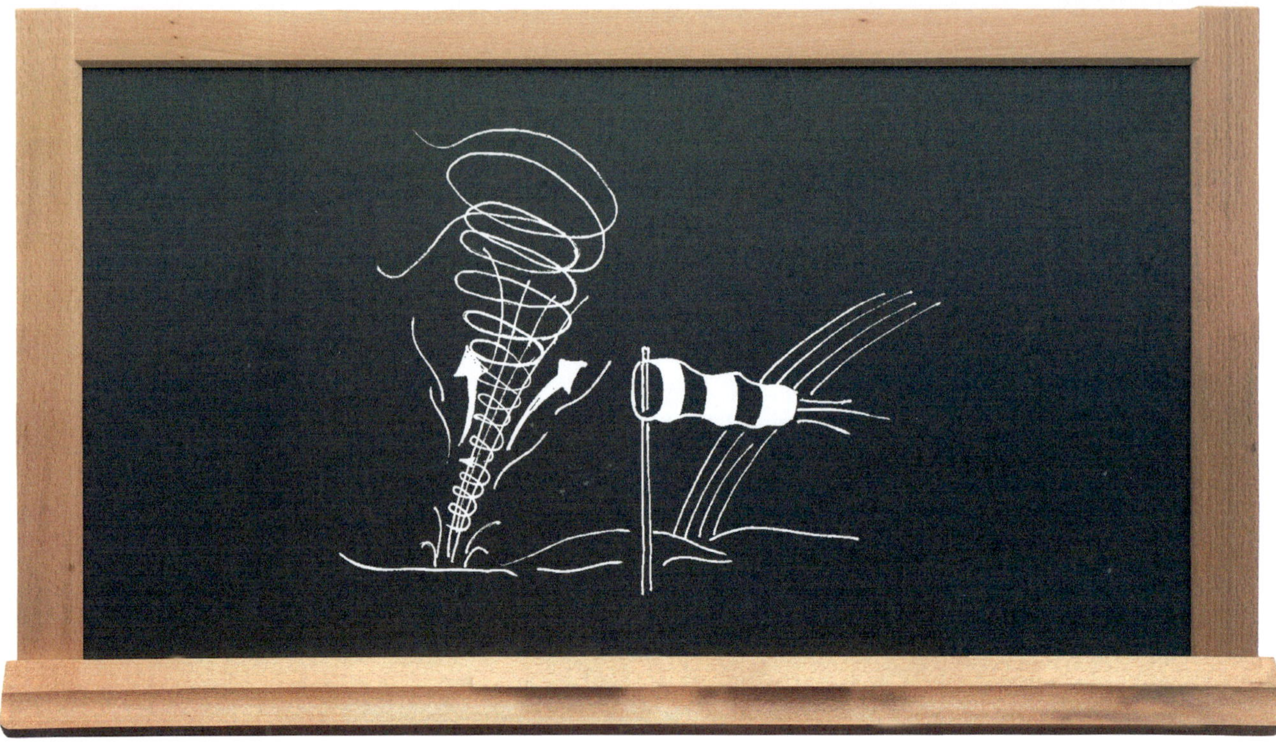

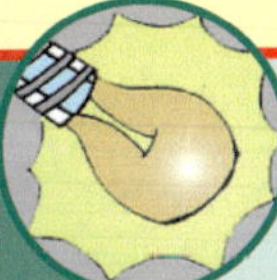

Tafelfüllende Zeichnungen, die zur Sicherung von Wissen dienen, müssen sich im Unterricht entwickeln. Hier zeigt sich der große Vorteil der Zeichnung gegenüber fertigen Bildern.

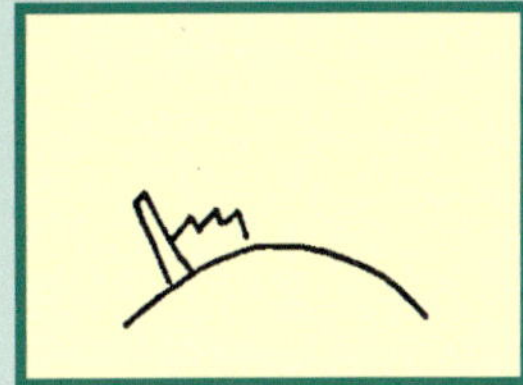

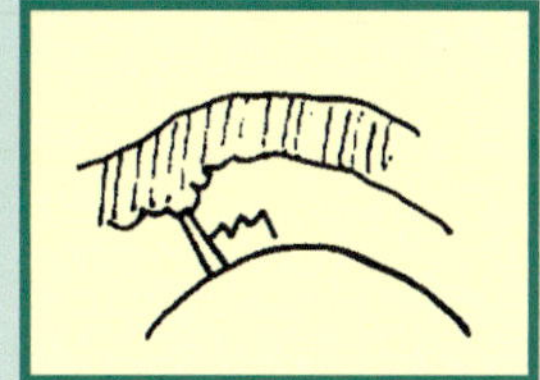

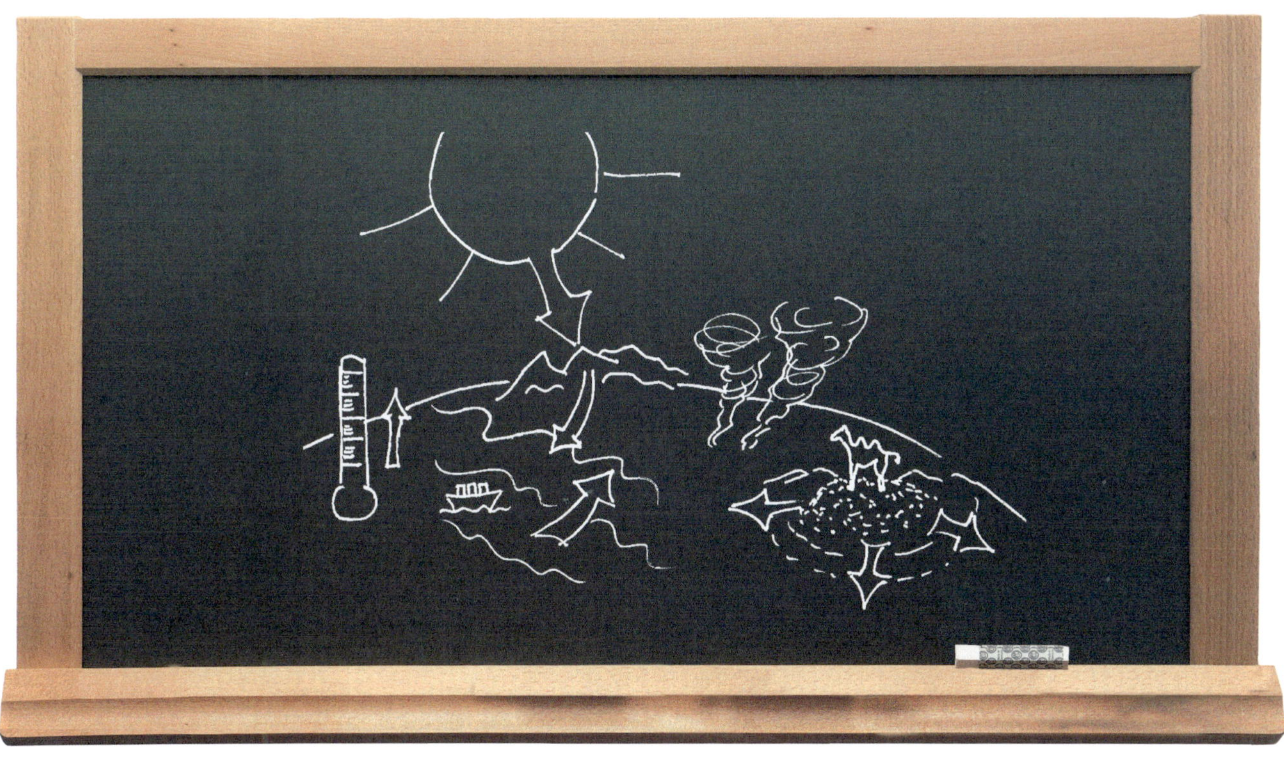

ENERGIE

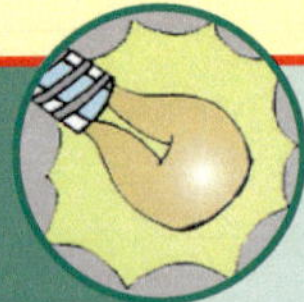

In jedem Schulfach sollte gezeichnet werden. Gerade der naturwissenschaftliche Unterricht bietet viele Möglichkeiten vom Versuchsaufbau im Physikunterricht bis hin zum Objekt unter dem Mikroskop in der Biologie.

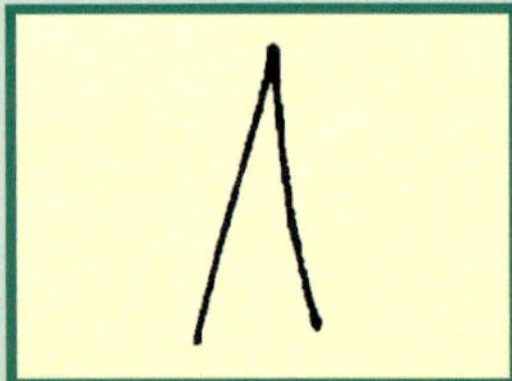

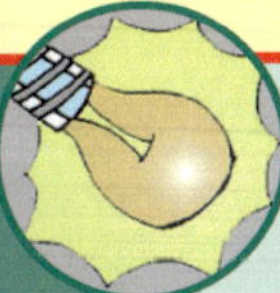

Hier helfen zunächst geometrische Formen, bevor man sich an Kurven wagt, die die Fahrzeuge dynamischer machen.

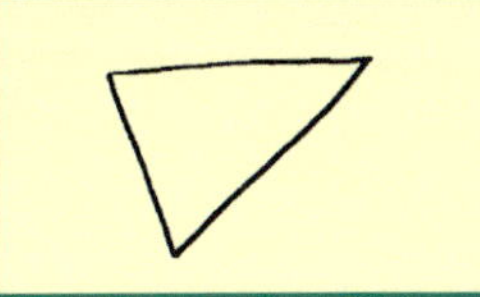

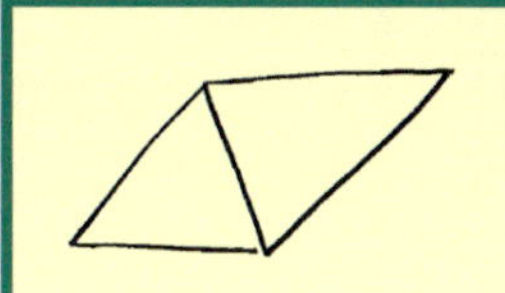

FAHRZEUGE 2

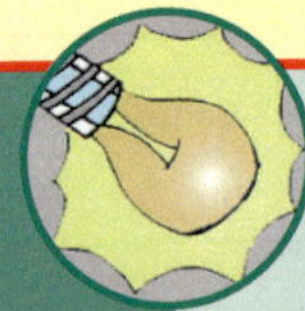

Setzen Sie den Bootskörper unter die Wasserlinie und üben Sie auch die Darstellung der Vorderansicht, die einfach erlernbar ist.

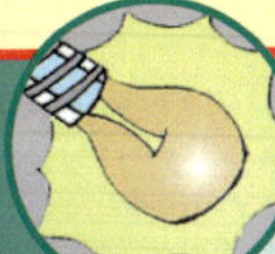

Die Multimedia-Welt übt eine große Anziehung auf Jugendliche aus. Auch als Lehrer sollte man stets „up to date" sein; sowohl im Umgang mit den Geräten als auch beim Zeichnen.

GEBÄUDE 1

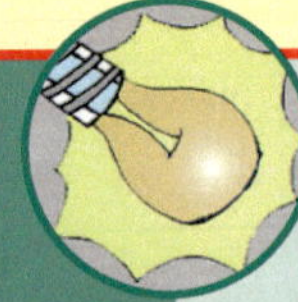

Meist reicht es, die Vorderansicht oder die Seitenansicht ohne perspektivische Verkürzung zu zeichnen. Bei sakralen Gebäuden lohnt es sich, einige Stilmerkmale zu studieren.

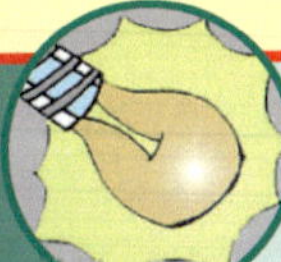

Stehen Gebäude (oder andere Dinge) am Wasser kann dies durch das Andeuten einer Spiegelung deutlich gemacht werden.

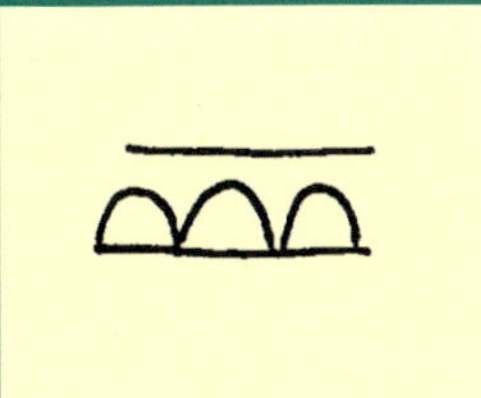

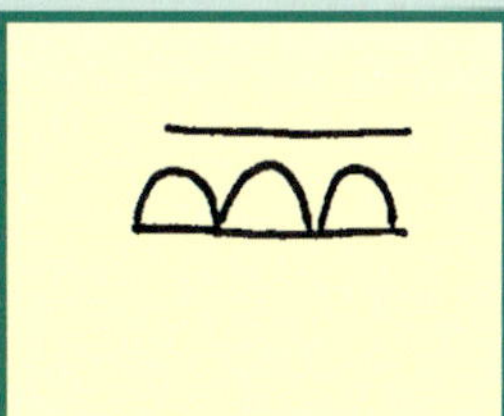

WAHRZEICHEN 1

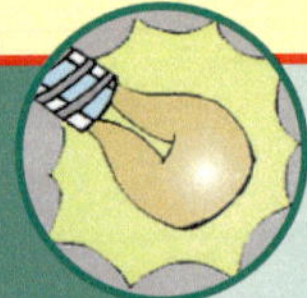

Ein Wahrzeichen ist ein typisches Merkmal (häufig ein Bauwerk), durch das Städte charakterisiert werden. Durch die Verknüpfung von Bild und Wort (hier der Name der Stadt) wird Begriffbildung initiiert, da das Wahrzeichen eine Geschichte erzählt.

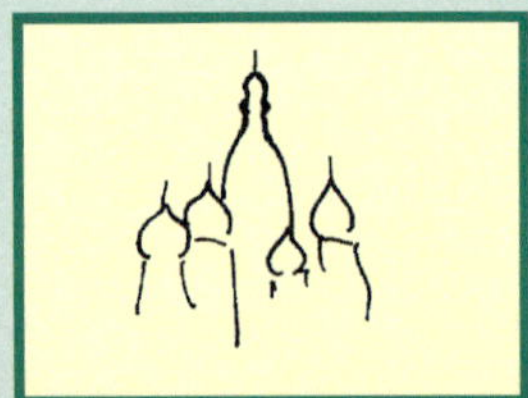

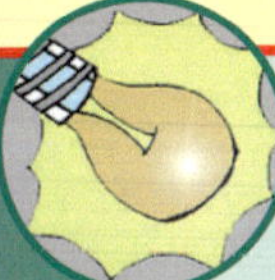

Ein Beispiel für Begriffbildung:
Das Wahrzeichen einer kenianischen Großstadt sind die „Tusks". Die Stoßzähne von Elefanten erinnern an ein M und das Logo der größten Fastfood-Kette. M steht für Mombasa. Durch den Handel mit Elfenbein wurde Mombasa zu einer Handelsmetropole...

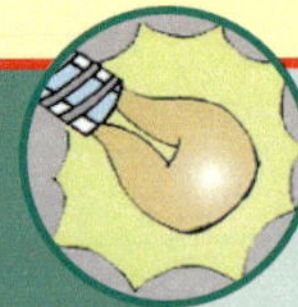

ZYLINDRISCHES

Bei zylindrischen und konischen Gefäßen liegt die Schwierigkeit in der Darstellung der Ellipsen. Um grobe Verzeichnungen zu vermeiden, kann man kreuzförmige Hilfslinien vorzeichnen.

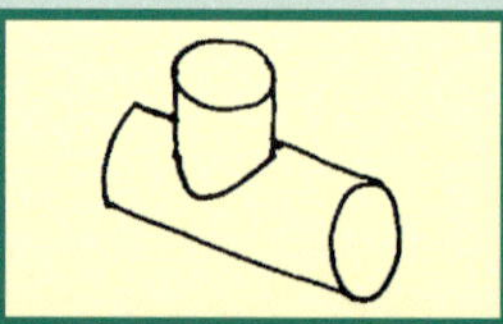

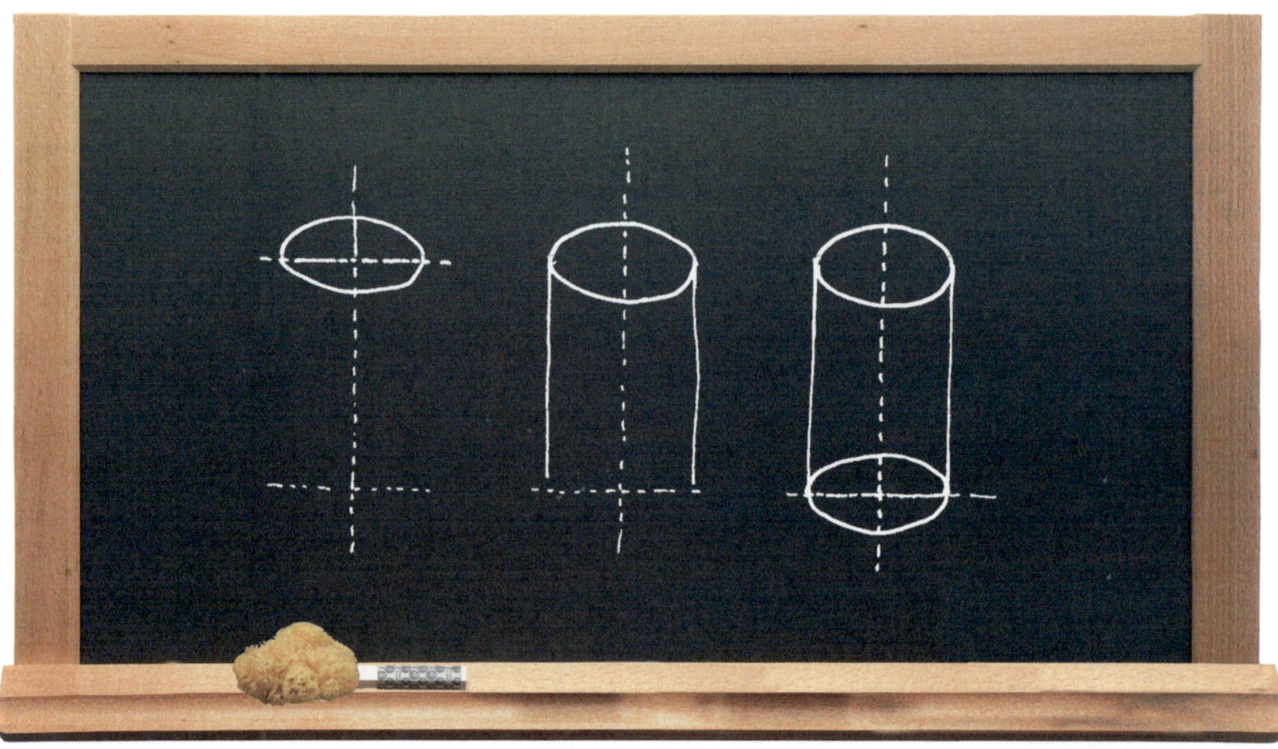

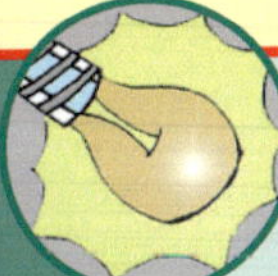

Hat man Ellipsen und Symmetrien ausreichend geübt, macht es keine Mühe, verschiedenste Gefäße bis hin zum Stillleben zu zeichnen.

IM LABOR

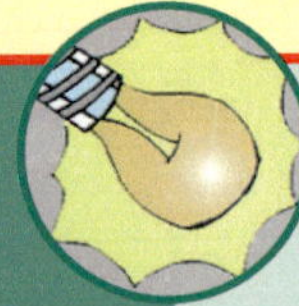

Traditionelle Gefäße aus dem naturwissenschaftlichen Unterricht genügen ästhetischen Ansprüchen. Bei Versuchsaufbau und Versuchsbeschreibung sollten diese gezeichnet werden.

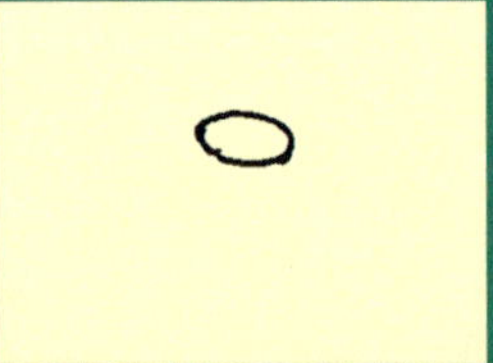

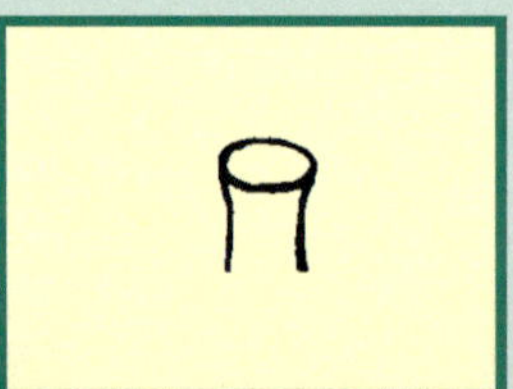

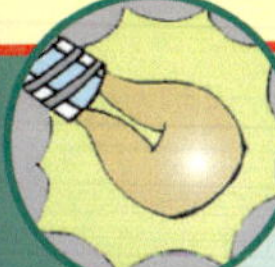

Vor allem klassische Musikinstrumente sind in ihrer Form kompliziert, weil sie natürlichen Körperformen nachempfunden sind.

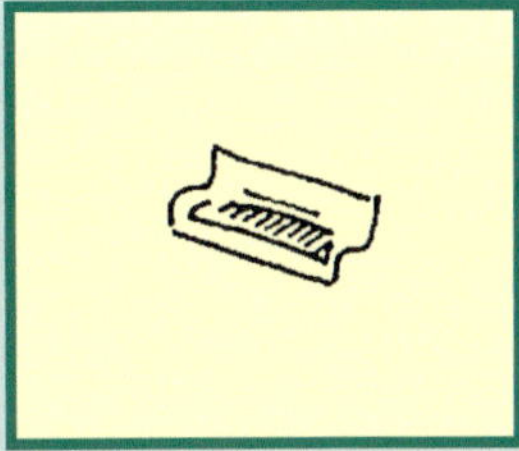

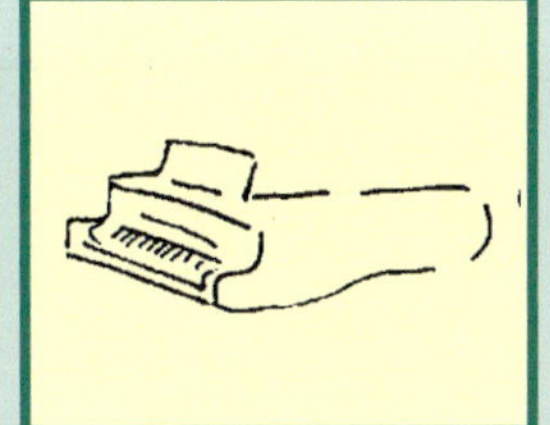

MUSIKINSTRUMENTE 2

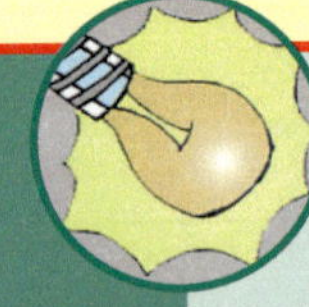

Während die klassische Konzertgitarre von weiblich runden Formen geprägt ist, weist die E-Gitarre in ihrer kantigeren Form männlich-aggressive Züge auf.

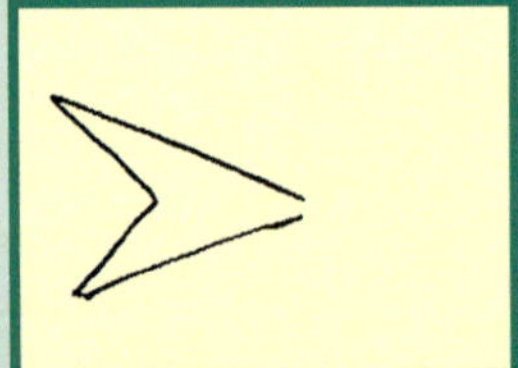

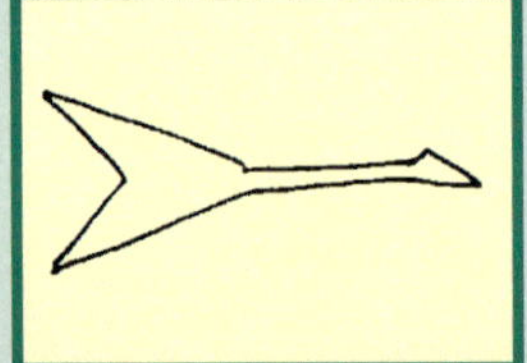

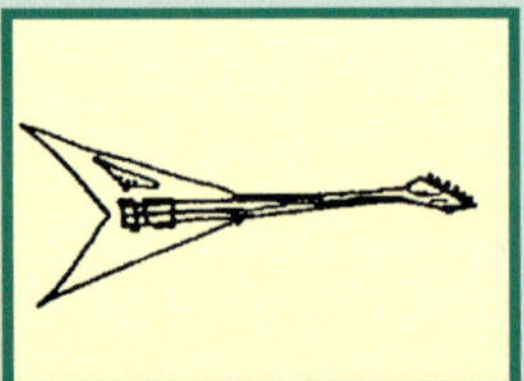

Manche Blasinstrumente sind durch Windungen und Mechanismen so kompliziert aufgebaut, dass sie vereinfacht gezeichnet werden müssen.

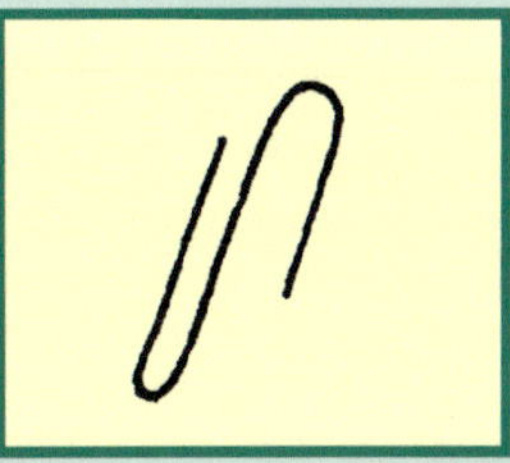

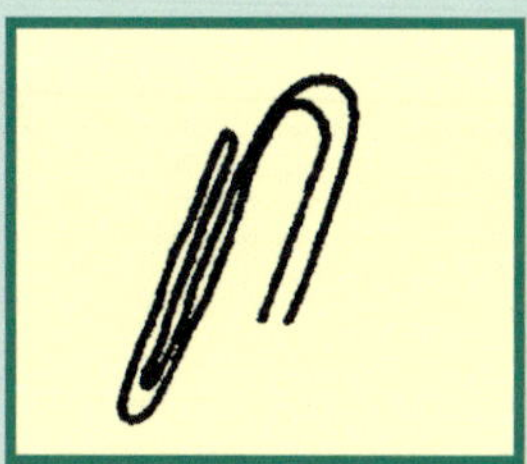

KLEIDUNG 1

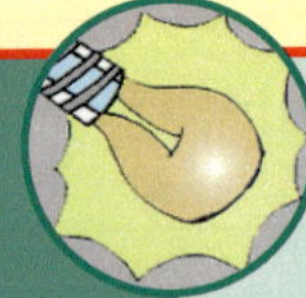

Das Andeuten von Mustern und Falten reicht aus, um die Kleidungsstücke „lebendiger" erscheinen zu lassen. Modezeichnungen müssen elegant aussehen. Wenige fließende Linien genügen.

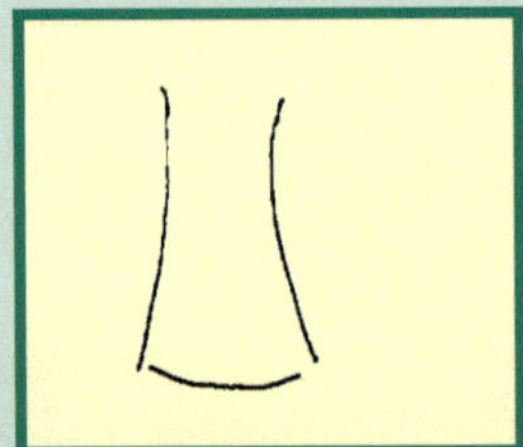

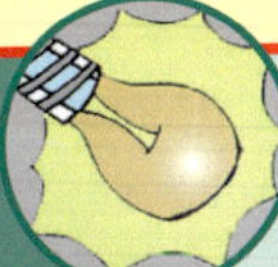

Im Fremdsprachenunterricht dürfen Zeichnungen nicht fehlen. Hier geht es nicht um die künstlerische Qualität der Zeichnung. Verschwenden Sie keine Zeit! Es reicht, wenn das Dargestellte erkennbar ist.

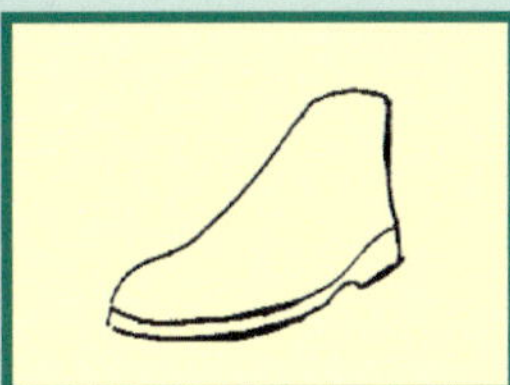

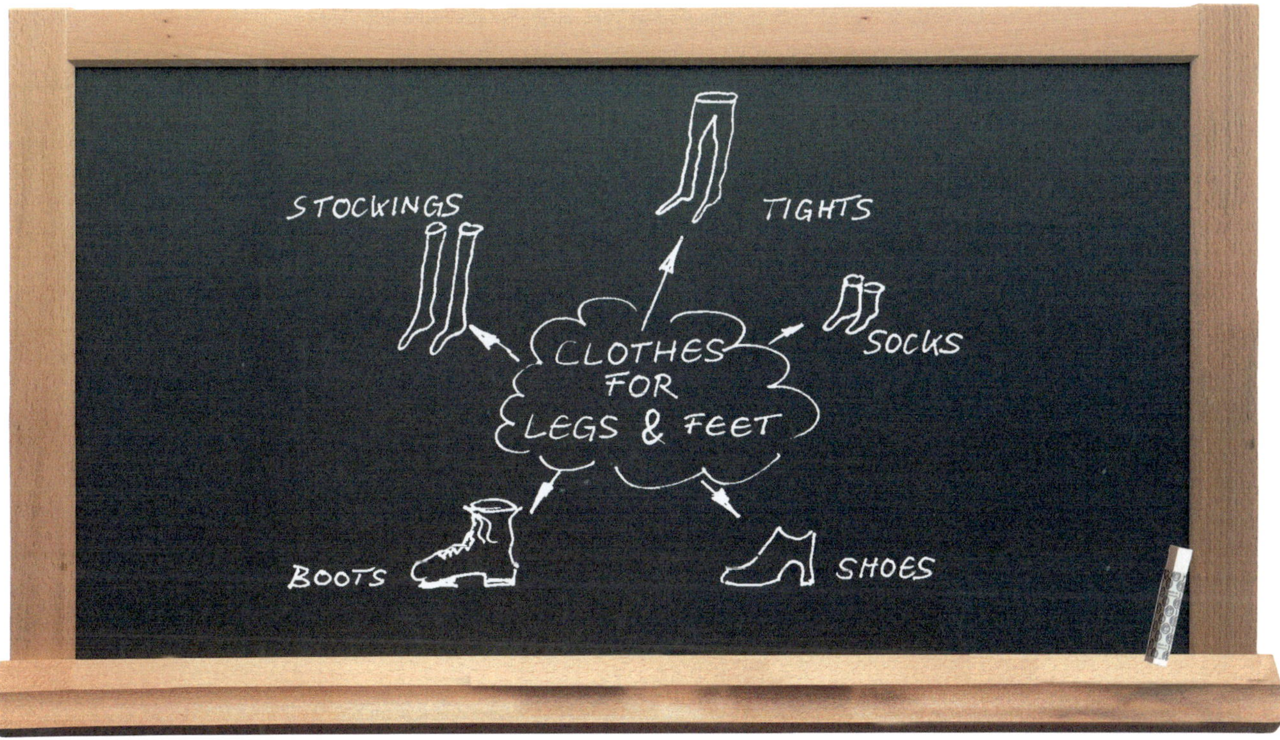

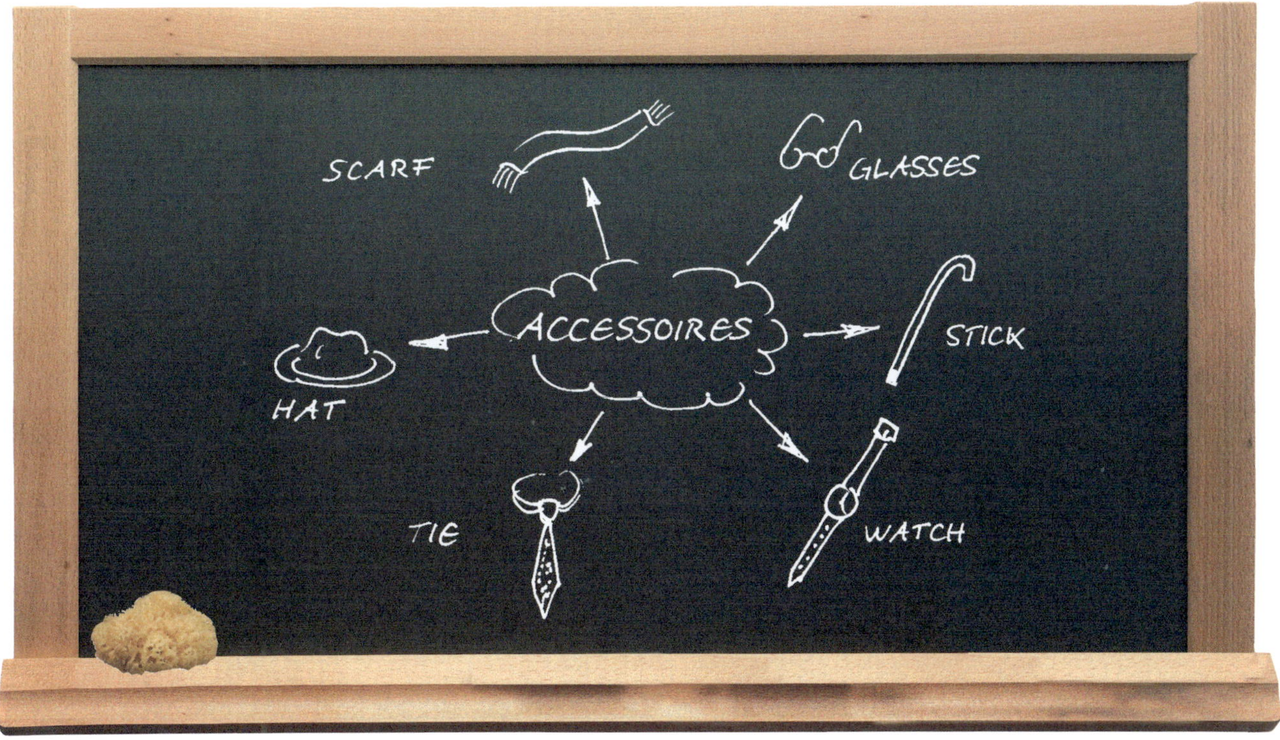

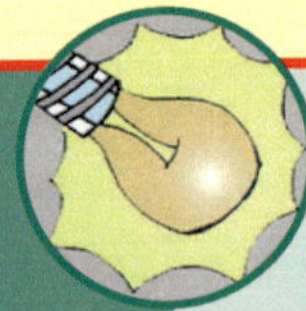

SYMBOLE

Symbole können in der Schule gut als stumme Impulse eingesetzt werden, da sie Bedeutungsträger sind, die mit vielen Vorstellungen verbunden sind. So erschließt sich ein tieferer Sinn.

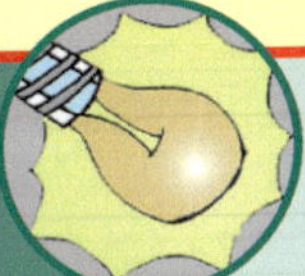

Der Vorteil der freien Zeichnung: Gedanken können unmittelbar zeichnerisch umgesetzt werden. Haben Sie Mut, auch ungewöhnliche Dinge an die Tafel zu zeichnen. Oft sind es diese, die unsere Kreativität anregen und Denkprozesse in Gang setzen.

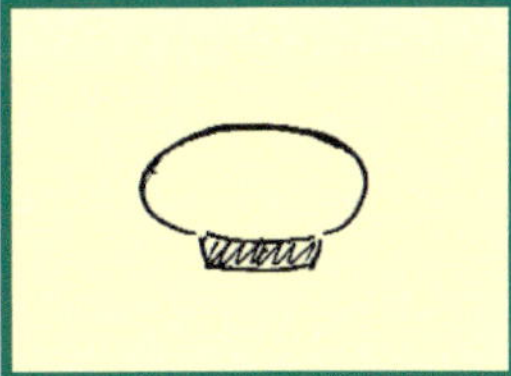

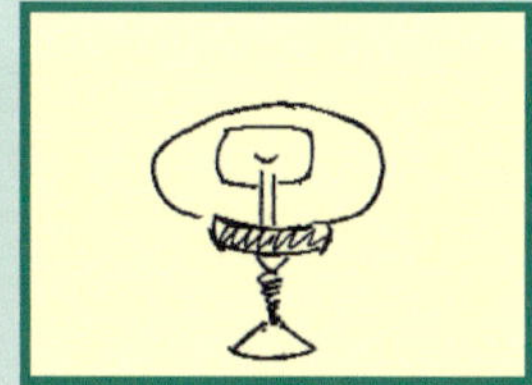

FREIES ZEICHNEN 2

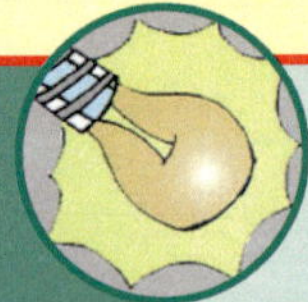

Welches Ziel bezweckt der Einsatz des Bildes? Ist die Zeichnung nur „Eye-catcher" oder wollen Sie mit dem stummen Impuls etwas illustrieren, präsentieren, kritisieren, in Frage stellen, komplizierte Sachverhalte vereinfachen? Oder wollen Sie motivieren, provozieren, Emotionen evozieren...?

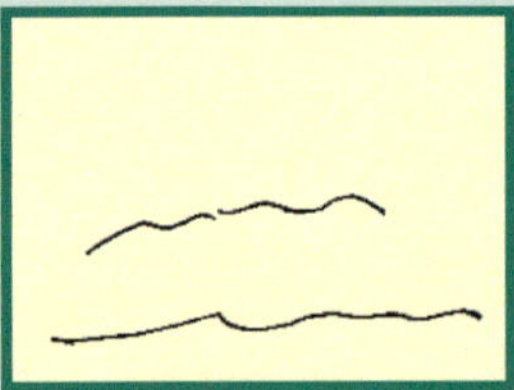

Ihr Pädagogik-Partner!

Michael Tschakert

Zeichnen in der Sekundarstufe

60 S., DIN A4, farbig,
Best Practice
Best.-Nr. 194

Praktisch erprobte Materialien zum Thema Zeichnen! Dieser Band bietet **25 ansprechende Themen**, die mit den gängigen Arbeitsmitteln bearbeitet werden können. **Hilfestellungen für unbegabte Schüler**, Tipps vom Profi, die Formulierung der Unterrichtsziele, Hintergrundinformationen und Kopiervorlagen für einzelne Stundenthemen runden diesen Praxisband ab. Bestens geeignet für Lehrkräfte mit geringen Vorkenntnissen, aber auch **als Ideengeber** für erfahrene Kunstlehrkräfte.

Michael Tschakert

Malerei in der Sekundarstufe

56 S., DIN A4, farbig,
Best Practice
Best.-Nr. 195

Mit diesem Buch können Sie auch **mit geringen Vorkenntnissen** und in sehr kurzer Zeit Kunststunden vorbereiten. Der Band bietet 25 neue, praktisch erprobte Themen für ca. 100 Schulstunden, die mit den gängigen Arbeitsmitteln bearbeitet werden können. **Schülerbilder in Farbe**, Hilfen für unbegabtere Schüler, **Kopiervorlagen** und Tipps vom Profi.

Michael Tschakert

Linolschnitt ohne Presse in der Sekundarstufe

88 S., DIN A4, farbig,
Best Practice
Best.-Nr. 196

Dieser Band zeigt, wie die **vielfältig anwendbare Technik** des Linolschnitts im Kunstunterricht erfolgreich eingesetzt wird. Die gut ausgewählten Motive wie z. B. Tiere, Pflanzen, Sport, Comic oder Jugendkultur motivieren die Schüler/-innen zu eigenen Arbeiten. **Bestens geeignet für Lehrkräfte mit geringen Vorkenntnissen**, aber auch als **Ideenfundgrube** für erfahrene Kunstlehrer/-innen.

Michael Tschakert

Thema Mensch in der Sekundarstufe

104 S., DIN A4, farbig,
Best Practice
Best.-Nr. 197

Dieser Band der beliebten Kunst-Reihe liefert Ihnen 20 neue, zeitgemäße und Schüler/-innen ansprechende Unterrichtssequenzen zum Thema Mensch. Die **praktisch erprobten Themen** werden in klar strukturierten Stundenbildern, vielen Schülerarbeiten zur Veranschaulichung sowie zahlreichen Kopiervorlagen aufbereitet. **Sofort umsetzbare Unterrichtsstunden** auch für fachfremd unterrichtende Lehrkräfte!

Bestellcoupon

Ja, bitte senden Sie mir / uns mit Rechnung

_____Expl. Best.-Nr. ____________________

_____Expl. Best.-Nr. ____________________

_____Expl. Best.-Nr. ____________________

Meine Anschrift lautet:

Name / Vorname

Straße

PLZ / Ort

E-Mail

Datum/Unterschrift Telefon (für Rückfragen)

Bitte kopieren und einsenden/faxen an:

Brigg Verlag
Franz-Josef Büchler KG
Beilingerstr. 21
86316 Friedberg

Bequem bestellen per Telefon / Fax:
Tel.: 0 89/61 38 71 27
Fax: 0 89/61 38 71 20
Online: www.brigg-verlag.de